Döschen
Pulitz
Scheletau
Ranzern
Schiltern
Schönwald
Fratting
Ungarschitz
Thaya
Liliendf.
M
Frain
Zierdek
Edmitz
Luden
Grossau
Ob.-Fröschau
Winau
Schaffa
Felling
Znaim
Pöltenbg.
Drosendorf
Raabs
Eibenstein
Riegersburg
Baumöhl
Gr.-Maispitz
Hardegg
Zissersdorf
Langau
Heufurth
Alt.-Schallersdf.
Oblas
Kottaun
Pleissing
Radl
Goslarn
Geras
Ober Höflein
Fronsbg.
Gnadlersdf.
Schattau
Kirchjapons
Weitersfeld
Nd.-Fladnitz
Ob.-Mitt.-Retzbach
Unt.-
Goggitsch
Starrein
Hofern
Klein-Ulrichschlag
Dallein
Retz
Sallapulka
Irnfritz
Hötzelsdf.
Ob.-Markersdf.
Klein-Höflein
Pernegg
Theras
Messern
Kainreith
Pulkau
Schrattenthal
Jetzelsdf.
Missingdf.
Sigmundsherberg
Zellerndf.
Brunn a/d. Wild
Rodingersdorf
Gr.-Reipersdf.
Watzelsdf.
Haugsdf.
Horn
Kattau W.H.
Kl. Meiseldf.
Röschitz
Platt
Gr. Burgstall
Dreieichen
Gunters
Altenburg
Eggenburg
Stoitzendf.
Roseldorf
Fuglau
Grafenbg.
Gr.-Nondf.
Kamp
Rosenburg
Pölla
Mörtersdf.
Reinprechts-pölla
Goggendf.
Grund
Zogelsdf.

THOMAS HOFMANN

Es geschah im Waldviertel

THOMAS HOFMANN

Es geschah im Waldviertel

Neuigkeiten und Bilder von damals

Mit einem Vorwort
von Erich Rabl

W-H EDITION WINKLER-HERMADEN

Das Titelbild bietet einen historischen Blick auf den Hauptplatz von Horn.

WISSENSCHAFT · FORSCHUNG
NIEDERÖSTERREICH

Auf Vor- und Nachsatz sind Ausschnitte aus „G. Freytags Radfahrer-Karte von Nieder-Österreich“ (erschienen vor 1914 im Verlag G. Freytag & Berndt, Wien) zu sehen.

www.edition-wh.at
Printed in the EU
ISBN 978-3-9504199-6-2

Inhalt

Vorwort von Erich Rabl

Niemals hat es eine „gute alte Zeit“ gegeben, zu allen Zeiten war – auch im Waldviertel – das Zusammenleben der Menschen durch Spannungen und Konflikte geprägt. Einbrecher, Diebe, Räuber und Mörder waren auch im Waldviertel unterwegs, Naturkatastrophen und andere Unglücke verschonten auch nicht das Viertel ober dem Manhartsberg. Das Mit- und Gegeneinander im historischen Prozess, die Auflösung alter Herrschaftsverhältnisse, aber auch neue Probleme und Widersprüche im Werden neuer oder anderer Gesellschaftsformen spiegeln sich auch im Waldviertel wider.

Die Region Waldviertel als peripherer Raum hatte es nicht immer leicht, sich gegen die Zentren zu behaupten. Wirtschaftliche Dynamik sowie die Abwanderung der Bevölkerung und sinkende Prosperität wechselten sich immer wieder ab. Auch das Image des Waldviertels war Schwankungen unterworfen: Einerseits bezeichnete man es als rückständiges Gebiet, andererseits führten erfolgreiche Industrie- und Handwerksbetriebe sowie Kulturinitiativen zum gegenteiligen positiven Bild. Und der Journalist Armin Thurnher, der wie viele andere im Waldviertel eine zweite Heimat gefunden hat, meinte jüngst sogar, dass „die geringe Zahl an Menschen in zunehmendem Maß ihre Hauptattraktivität darstellt“. Deshalb behaupten manche Bewohner auch „1 Waldviertler = 3 Leut“.

Der Name Thomas Hofmann steht für fachlich versierte, aber auch gut lesbare Bücher. In diesem Band, dem nach den beiden Weinviertel-Bänden noch Bände über die Landesviertel südlich der Donau folgen sollen, lässt der Autor die Quellen sprechen. Themenvielfalt und aussagekräftige Abbildungen laden zu einer spannenden Lektüre ein!

Die Grundfeste des Waldviertels: Uralter Granit, hier am Mandelstein (874 m) bei Harbach, und dunkle Wälder prägen Land und Leute im Viertel ober dem Manhartsberg.

Raues Klima, Zähigkeit und Selbstvertrauen

Mit diesen Worte charakterisierte Bundespräsident Dr. Michael Hainisch das Waldviertel und seine Bewohner anlässlich der Eröffnung der Niederösterreichischen Landesausstellung im September 1928 in Horn. Hier, ober dem Manhartsberg, zwischen Donau und Thaya, ticken die Uhren anders. Man ist versucht zu sagen: langsamer, korrekter wäre: beständiger.

Es ist die Natur, die im Waldviertel den Takt der ungeschriebenen Gesetze vorgibt. Allein der Name, er steht für schier endlose Nadelwälder, karge Böden über hartem Granit, erklärt vieles. Granitviertel wäre demnach auch eine überaus passende Bezeichnung. In Anbetracht des hohen Alters der Gesteine, deren älteste mehr als eine Milliarde Jahre am Buckel haben, ist der Zugang zum Waldviertel ein gemächlicher und respektvoller.

Wir folgen dem gedruckten Wort in alten Zeitungen, blättern in Gazetten, die nicht von heute, auch nicht von gestern, sondern aus dem vorigen, noch besser aus dem vorvorigen Jahrhundert sind. Das ist ein angemessenes Tempo, dem jeder folgen kann. Derartige Entdeckungsreisen versprechen vieles, sind authentisch und wahr.

Auch wenn „Das Vaterland“, die „Arbeiter-Zeitung“ oder das „Linzer Volksblatt“ heute längst nicht mehr existieren, so haben die Redakteure von damals das Leben der Menschen minutiös festgehalten. Staatstragende Momente, Kaisermanöver, Besuche hoher Politiker aus Wien wurden ebenso in bleierne Lettern gesetzt wie scheinbar banale Alltäglichkeiten. Grausame Mörder, schreckliche Verbrecher und wohlinformierte Einbrecher werden wieder lebendig. Das Schicksal heimatloser Flüchtlinge, die vor gut hundert Jahren hier eine temporäre Bleibe fanden, ist heute aktueller denn je. Die bunt gewählte Mischung garantiert Objektivität und Vielfalt, denn – machen wir uns nichts vor – die politische Ausrichtung einzelner Medien mit tendenziöser Berichterstattung ist keineswegs eine Erfindung unserer Tage.

Bilder sprechen hier eine andere Sprache. Freilich wurde auch so manche alte Aufnahme inszeniert. Fotografen ließen, nicht anders als heute, Menschen in wohlarrangierten Aufstellungen in die Kamera blicken. Und auch ohne Möglichkeiten der digitalen Bildbearbeitung retuschierte man, um Land und Leute gefällig in Szene zu setzen. Heute quittieren unsere geübten Augen derart leicht zu enttarnende Montagen mit einem wohlwollenden Schmunzeln.

Die hier gezeigten Bilder sind fast ausschließlich Ansichtskarten. Man schickte sie von Gmünd, Gföhl oder Heidenreichstein in die weite Welt. Oft tragen sie nur eine Unterschrift, in den meisten Fällen gingen sie nicht über die Grenzen

Niederösterreichs hinaus, die Reichshaupt- und Residenzstadt Wien war – aus Waldviertler Perspektive – schon eine ferne Destination. Stempel belegen, wie rasch die Post auf Grund wohlorganisierter Verbindungen befördert wurde.

Mit dem Bau der Franz-Josefs-Bahn bekam das Waldviertel 1869 von Norden über Gmünd nach Eggenburg einen Schienenanschluss, Richtung Wien war die Strecke dann 1870 fertig. In Kamp- und Thayatal wie in der Wachau dampften die Züge erst später.

Und so war es für die Wiener auch nicht mehr weit in die Sommerfrische. Ob Gars am Kamp oder Hardegg an der Thaya, um nur zwei Orte hervorzuheben, Sommerfrische im Waldviertel wurde im ausgehenden 19. Jahrhundert zur alljährlichen Konstante. Die Orte putzten sich fein heraus, betuchte Leute ließen schmucke Villen bauen, die heute noch Sehnsüchte wach werden lassen. Wer Abkühlung suchte, fand sie in den frischen Waldviertler Flüssen, die – so entnehmen wir den Berichten von damals – stellenweise auch Gefahren bargen. Wer nicht gut schwimmen konnte und in einen Strudel geriet, drohte zu ertrinken, helfende Retter waren nur allzu selten vor Ort.

Abseits des sommerlichen Trubels waren seit der Barockzeit Wallfahrtsorte wie Maria Dreieichen bei Horn und Maria Taferl im Strudengau beliebte Ziele ferner Pilgerscharen. Man deponierte Sorgen und Nöte vor dem Altar, aß und trank gut und hoffte auf das eine oder andere kleine Wunder, das ja – glaubt man den Zeitungen – doch hin und wieder geschah.

Wer genauer schaut, wer Details erforscht, stößt auf Tatsachen, die man hier kaum vermuten würde bzw. schon vergessen hat. Wer verbindet schon die Fahrt von Österreichs erstem O-Bus oder die Geburt des letzten Kaisers mit dem Waldviertel?

Gut, dass es Zeitungen, Bilder und Ansichtskarten gibt, wo all das festgehalten wurde. Viel Freude mit den Waldviertler Zeitreisen. Angenehme Begegnungen mit der Welt von damals und schöne Erinnerungen an die alte Zeit wünscht

Thomas Hofmann, im Sommer 2016

Kaiser, Kommunisten, Präsidenten

Wann und wo auch immer Majestäten erscheinen, wird Geschichte geschrieben. So auch beim groß angelegten Kaisermanöver im September 1891. In Horn hatte Kaiser Franz Joseph seine Gäste Kaiser Wilhelm aus Deutschland, König Albert und Prinz Georg von Sachsen empfangen, um gemeinsam den Übungen der Kavallerie im Raum Schwarzenau und Göpfritz beizuwohnen. Die Herrschaften residierten in Schloss Schwarzenau, wo es eine Hoftafel mit 39 Gedecken gab. Überall wurden sie von der hiesigen Bevölkerung mit Jubelrufen empfangen. Auch im September 1928 jubelte man in Horn, als dort die Landesausstellung eröffnet wurde. Bundespräsident Hainisch führte die gefeierten Ehrengäste der Republik an, gefolgt von Landeshauptmann Buresch und anderen Persönlichkeiten und Prominenten aus der Stadt Horn und dem Land Niederösterreich.

Böllerschüsse hallten auch durch Persenbeug, als dort am 17. August 1887 ein Prinz geboren wurde. Der imperiale Spross wurde vom St. Pöltener Bischof auf den Namen Carl, Franz Joseph, Ludwig, Hubert, Georg, Otto, Maria getauft; dass er als letzter Kaiser Österreichs das Ende der Monarchie erleben würde, ahnte niemand. Als Thronfolger war nach dem Tod von Kronprinz Rudolf Erzherzog Franz Ferdinand auserkoren worden, doch nach dem Attentat von Sarajevo, wo er und seine Frau erschossen wurden, sollte alles anders kommen. Zunächst stand aber Schloss Artstetten im Mittelpunkt, wo Anfang Juli 1914 das feierliche Begräbnis des Thronfolgerpaares stattfand.

Wenig Verständnis zeigte die Bevölkerung im Sommer 1919 für das Asyl des ungarischen Kommunisten Béla Kun samt Gefolge in der Haidlmühle im Thayatal.

Die Kaisermanöver im Waldviertel

Horn, 3. September. Heute Morgens traf Se. Majestät Kaiser Wilhelm bei bestem Wohlsein mittelst Separat-Hofzuges hier ein. Schon vorher waren mit einem Separat-Hofzuge Se. Majestät Kaiser Franz Joseph mit seinen erlauchten Gästen, dem König Albert und dem Prinzen Georg von Sachsen, zum Empfange des deutschen Kaisers von Schwarzenau hier angekommen.

Die malerisch gelegene, altehrwürdige Stadt Horn hatte sich anläßlich des Besuches des geliebten Herrschers und zu Ehren der Ankunft seiner erlauchten Gäste festlich geschmückt. Besonders fallen ins Auge das dem Herrenhausmitgliede Grafen Ernst Hoyos gehörige Schloß, ferner das prächtig decorirte Gymnasium, der Stadtthurm, die Pfarrkirche u. s. w. Schon seit den frühesten Morgenstunden wogte eine nach Tausenden zählende Volksmenge durch die Straßen der Stadt nach dem Bahnhofe, um den Kaiser und dessen erlauchte Gäste zu bewillkommnen. Bürgermeister Fischer, welcher sich in Vertretung der Stadt bereits gestern in Schwarzenau am Empfange Sr. Majestät betheiligt hatte und durch eine Ansprache des Kaisers ausgezeichnet worden war, hat namens des Stadtrathes einen schwungvollen patriotischen Aufruf an die Einwohner der Stadt Horn erlassen.

Der Bahnhof war auf das prächtigste decorirt. Vor dem Bahnhofe standen die Leibpferde für die Majestäten und an 100 Pferde für die Suiten bereit.

Dem Separathofzuge, welcher präcise halb 8 Uhr aus Schwarzenau hier eintraf, entstiegen zuerst Se. Majestät der König von Sachsen, welcher die Obersten-Uniform seines österreichischen Dragoner Regimentes trug, sodann Se. Majestät Kaiser Franz Joseph in der Generals-Campagne-Uniform, ferner Se. k. Hoheit Prinz Georg von Sachsen in der Uniform seines österreichischen Infanterie-Regimentes, und nach demselben Ihre k. Hoheiten die Herren Erzherzoge Carl Ludwig, Franz Ferdinand von Oesterreich-Este, sowie das Gefolge, in welchem sich der Minister des kaiserlichen Hauses und des Aeußern Graf Kálnoky, FZM. Herzog von Württemberg und Andere befanden.

Der schon von Weitem an den weißblauen Farben erkennbare Separat-Hofzug des deutschen Kaisers fuhr um 7 Uhr 47 Minuten in den Bahnhof ein. Seine Majestät Kaiser Wilhelm in der Uniform seines österreichischen Hußaren-Regimentes entstieg rasch dem Hof-Salonwagen. Ebenso rasch eilte Se. Majestät Kaiser Franz Joseph dem erlauchten Gaste entgegen. Beide Monarchen umarmten und küßten sich in herzlichster Weise drei Mal und begrüßten sich wiederholt

In der Bezirkshauptstadt Horn empfing Kaiser Franz Joseph seinen Gast, Kaiser Wilhelm II., um mit ihm gemeinsam den Truppenmanövern im Waldviertel beizuwohnen. Der Florianibrunnen am Horner Hauptplatz stammt aus 1727.

auf das wärmste. Es folgte sodann die überaus herzliche Begrüßung des Königs und des Prinzen Georg von Sachsen, der Herren Erzherzoge und des Herzogs von Württemberg durch den deutschen Kaiser. Bei der nunmehr folgenden Vorstellung des beiderseitigen Gefolges richtete Kaiser Franz Joseph an den Reichskanzler von Caprivi, Kaiser Wilhelm an den Grafen Kálnoky, den Reichs-Kriegsminister und den Landesvertheidigungs-Minister einige Worte. Nach dieser Bewillkommnung verließen Ihre Majestäten den Bahnhof, bestiegen die vor demselben bereitstehenden Pferde und ritten mit dem Gefolge, Kaiser Wilhelm zur Rechten des Kaisers Franz Joseph an der Spitze, unter den Hochrufen der massenhaft angesammelten Volksmenge im Schritte nach der Stadt.

An dem am Eingange in die Stadt errichteten Triumphbogen hatten zu beiden Seiten der Straße die Geistlichkeit und die Beamtenschaft, die Gemeindevertretung unter Führung des Bürgermeisters und die Lehrerschaft Aufstellung genommen. Die beiden Kaiser, sowie der König und der Prinz von Sachsen erwiderten die Begrüßung der Bevölkerung, nach allen Seiten dankend.

Vor der Triumphpforte hielten die Majestäten einen Augenblick an. Kaiser Franz Joseph stellte hier seinem kaiserlichen Gaste den Bürgermeister von Horn und den Grafen Ernst Hoyos vor. Kaiser Wilhelm grüßte militärisch, reichte dem Grafen Hoyos die Hand und richtete einige Worte an denselben. Unter stets sich erneuernden stürmischen Hochrufen der Bevölkerung setzten die Majestäten ihren Zug durch die Stadt, welcher ungefähr eine Viertelstunde in Anspruch nahm, fort, um das Stadtgebiet durch das Prager Thor zu verlassen. Von hier ging der Ritt auf die im Südwesten der Stadt gelegene Pürker-Wiese, woselbst die 1. Cavallerie-Division (FML. Gradl) und die 49. Infanterie-Brigade (das 4. und 49. Infanterie-Regiment unter GM. v. Hirsch) in drei Treffen concentrirt Aufstellung genommen hatten. Am rechten Flügel des ersten Treffens hatten sich die durchlauchtigsten Herren Erzherzoge Albrecht, Wilhelm und Rainer, der Chef des Generalstabes FZM. Frhr. von Beck und die übrige Manöver-Oberleitung aufgestellt. Der deutsche Kaiser begrüßte die Herren Erzherzoge in der herzlichsten Weise und besichtigte sodann, immer zur rechten Seiten des Kaisers Franz Joseph, die aufgestellten Truppen, welche die Ehrenbezeigung feldmäßig leisteten. Nach dieser kurzen Revue ritten die allerhöchsten und höchsten Herrschaften um ¼9 Uhr in der Richtung über Altenburg auf das Manöverfeld ab. Eine Viertelstunde später begann sich die 1. Cavallerie-Division in Marsch zu setzen, womit die Manöver ihren Anfang nahmen.

Schwarzenau 3. September. Um 2 Uhr Nachmittags trafen Ihre Majestäten Kaiser Franz Joseph, Kaiser Wilhelm und König Albert von Sachsen mit ihrem Gefolge zu Wagen im Schlosse Schwarzenau ein. Im Schloßhofe waren eine

Schloss Schwarzenau wurde als *Swarzenawe* 1150 erstmals erwähnt. Das heutige Schloss wurde im späten 16. Jahrhundert erbaut, der Osttrakt nach einem Brand im Jahr 1835 neu errichtet. Im September 1891 tafelte hier der Kaiser mit seinen Generälen.

Ehrencompagnie und die Musikcapelle des Regimentes Nr. 85 aufgestellt. Zum Empfange hatten sich der Statthalter Graf Kielmansegg, der Bezirkshauptmann, der Bürgermeister, sowie Geheimrath Lucanus eingefunden. Ihre Majestäten Kaiser Franz Joseph und Kaiser Wilhelm schritten die Ehrencompagnie ab, während die Musikcapelle „Heil dir im Siegerkranz" intonirte. Kaiser Wilhelm reichte dem Statthalter die Hand und dankte für den Empfang. Am Fuße der Treppe erwartete die Familie des Frhrn. v. Widmann den deutschen Kaiser, welcher sich mit der Baronin Widmann am Arme in die oberen Appartements begab. [...]

Schwarzenau, 3. September. Von Horn aus begaben sich Minister Graf Kálnoky und Reichskanzler von Caprivi über Schwarzenau nach Schloß Mayres und verblieben daselbst während des ganzen Tages. Um halb 7 Uhr Abends fand in Schwarzenau eine Hoftafel zu 39 Gedecken und eine Marschallstafel statt. Im Schloßhofe concertirte die Militärcapelle. Zur Rechten Sr. Majestät des Kaisers Franz Joseph saßen Kaiser Wilhelm, Erzherzog Carl Ludwig, Prinz Georg von Sachsen und Botschafter Prinz Reuß, zur Linken König Albert von Sachsen, Erzherzog Franz Ferdinand d'Este, Reichskanzler v. Caprivi und Graf Kálnoky. Unter den Geladenen befanden sich Baron Widmann und Statthalter Graf Kielmansegg. Nach der Hoftafel wurde Cercle gehalten. [...]

Göpfritz, 3. September. Se. Majestät der Kaiser verfolgte mit dem deutschen Kaiser, dem Könige von Sachsen und dem Prinzen Georg hauptsächlich die Vorrückung des 2. Corps (Ostpartei) entlang der Straße von Horn über Altenburg, Fuglau, Röhrenbach, Winkel und Aepfelgschwend, sodann den Zusammenstoß beider Parteien, und zwar meistentheils in der Umgebung von Edelbach. Se. Majestät der Kaiser begab sich nach Abbruch des Manövers mit seinen erlauchten Gästen zu Wagen über Merkenbrechts und Göpfritz nach Schwarzenau. Allenthalben begrüßten die Bewohner den erhabenen Herrscher mit begeisterten Hochrufen.

Das Vaterland, 4. September 1891

Die Taufe des jüngsten Erzherzogs

Aus Persenbeug wird uns geschrieben: Große Freude beherrschte die Bewohner des alten kaisertreuen Persenbeug, als sich am Mittwoch Mittags die Nachricht verbreitete, daß der Ehebund der neuen Schloßherrschaft, welche sich durch ihre freundliche Herablassung im Sturme die Sympathien der ganzen Bevölkerung erobert hat, durch die Geburt eines Prinzen gesegnet worden sei. Fahnen wurden aufgehißt und Pöllerschüsse mußten das freudige Ereigniß schnell überall bekannt machen. Allerorts konnte man hier erzählen hören, mit welcher Freude und Rührung Vater und Großvater die erste Mittheilung von der Geburt des Prinzen entgegengenommen haben. Das hiesige Telegraphenamt war den Tag über nur im Dienste der erzherzoglichen Familie beschäftigt, so zahlreich gingen die Telegramme ab und liefen dort ein. Wegen des Geburtsfestes des Kaisers wurde die Taufe des neugeborenen Erzherzogs auf den 19. d. M. verschoben. Schon am frühen Morgen war ganz Persenbeug auf den Beinen. Jedes Haus, jede Hütte war mit Fahnen geziert. Der Wiener Schnellzug brachte das Gros der Theilnehmer an den Tauffeierlichkeiten. Kammervorsteher Baron Türkheim empfing an der Landungsbrücke in Persenbeug die eingeladenen Persönlichkeiten und geleitete dieselben in das erzherzogliche Schloß. Der heilige Taufact wurde um ¾12 Uhr vollzogen. Der große, mit alten Bildern geschmückte Saal, der mit dem bekannten Arbeitscabinete des seligen Kaisers Franz, das noch so erhalten ist und bleibt wie es der Kaiser benützte, zusammenhängt, wurde in eine Capelle umgestaltet, welche mit Blumen und Seidendamasten reich geziert war. Die heilige Taufhandlung nahm Se. Excellenz der hochw. Herr Bischof von St. Pölten Dr. Matthäus Binder unter Assistenz des Prälaten Dr. Godfried Marschall und der Ortsgeistlichkeit vor. Bischof Binder mit seiner Assistenz empfing am Eingange des Saales die hohe Familie und trat dann zum Altare, bei welchem an zwei Kniebänken Ihre k. Hoheiten der Herr Erzherzog Carl Ludwig und die Frau Erzherzogin Marie Therese Platz genommen hatten. In zwei anderen Bänken wohnten der Feierlichkeit bei Ihre k. Hoheiten die Herren Erzherzoge Ludwig Victor, Otto (der Vater), Ferdinand, die Erzherzoginnen Margarethe, Annunciata, Elisabeth, die Geschwister des Erzherzogs Otto; Ihre Excellenzen Obersthofmeister Graf Pejacsevich und Gräfin Schönfeld, die Hofdamen Gräfinnen Stolberg und Pallavicini, der Erzieher Oberst Graf Coreth, der Kämmerer Graf Choloniewski, Hofrath Dr. Gustav Braun und der Verwalter der Herrschaften des Erzherzogs Otto, v. Westersheim. Dem gesammten Dienstpersonale war erlaubt worden der heiligen Taufe beiwohnen zu können. Der Kammervorsteher Baron Türkheim trug den Täufling zum Altare und nahm Platz neben dem Großvater Erzherzog Carl

Ludwig, welcher Taufpathe war. Mit lauter Stimme beantwortete der erlauchte Pathe die rituellen Fragen. Der Täufling erhielt die Namen Carl, Franz Joseph, Ludwig, Hubert, Georg, Otto, Maria.

Volksblatt für Stadt und Land, 24. August 1887

Familienidyll aus dem Hause Habsburg mit zwei Kaisern. Im Jahr 1894 – 20 Jahre vor Ausbruch des Ersten Weltkriegs – ahnten weder das Kind, der spätere Kaiser Karl, noch Kaiser Franz Joseph, der den Knaben bei der Hand hält, dass Karl der letzte Kaiser der Habsburgermonarchie werden sollte.

Die heutige Gestalt von Schloss Persenbeug geht auf Adam Eusebius v. Hoyos zurück, der es zwischen 1617 und 1621 erneuerte. Im Jahr 1800 erwarb es Kaiser Franz I. für die Habsburger.

Die Leichenfeier auf Schloß Artstetten

Eine warme Sommernacht lagert über dem Donautal, wo die sterblichen Ueberreste des Erzherzog-Thronfolgers Franz Ferdinand und der Herzogin von Hohenberg erwartet werden. Der süße Duft der Linden erfüllt die Luft, in den Donauauen flirren Leuchtkäfer, über den Orten Pöchlarn und Artstetten liegt eine weiche, wehmütige Stimmung, die sich auch der Bevölkerung mitteilt, welche die Nacht durchwacht, um dem toten Schloßherrn von Artstetten die letzte Ehrenbezeigung zu erweisen. Schon tagsüber wurden alle Vorkehrungen für den Leichenzug getroffen. […]

Im Schloß Artstetten selbst sind die Vorkehrungen für den Empfang der Leichen beendet. Das Schloß ist derzeit noch fast ganz leer, da die Gäste erst morgen zur Trauerfeier eintreffen werden. Bloß für die Begleiter des Sonderzuges mit den Leichen ist im Schloß schon für heute Quartier vorbereitet.

Die Kirche, in welcher die Leichen aufgebahrt werden, ist ganz mit schwarzem Tuch ausgeschlagen. Die Brüstungen, des Chors und der Loggia, die für die Mitglieder des Kaiserhauses bestimmt sind, sind ebenfalls schwarz dekoriert, darunter ist das Wappen des Erzherzogs und der Herzogin angebracht worden. Auf dem freien Platz, der zwischen dem Kirchenschiff und dem Hochaltar liegt und auf dem der Gruftdeckel ruht, sind zwei mächtige Schaubetten errichtet, die bestimmt sind, die Särge aufzunehmen.

Im Laufe des Nachmittags kamen mit den einlangenden Zügen zahllose Kränze an. Der 5-Uhr-Personenzug brachte allein in zwei Waggons beinahe 1200 Kränze, von denen 500 aus Bosnien, 700 aus Wien kamen. Die Kränze wurden sofort nach Artstetten gebracht und, da sie in der Kirche nicht alle Platz fanden, wurden sie auf die Rasenboskette zu beiden Seiten des Weges gelegt, der von der Kirche durch den Garten zur Gruft führt.

Je mehr die Abendstunden vorrückten, um so größer wurde die Bewegung in Groß-Pöchlarn. Die Leute trachteten, in der Nähe des Bahnhofes und jener Straßen, welche der Leichenzug passieren sollte, Aufstellung zu nehmen, soweit die Gendarmerie, die sehr energisch bemüht war, niemand in die Nähe des Weges kommen zu lassen, es gestattete. Am Laufe des Tages war eine eigene Leitung zum Zwecke der elektrischen Beleuchtung von Artstetten bis Pöchlarn gezogen worden. Diese bildete die einzige Beleuchtung, doch sorgte der Mond für größere Helligkeit.

12 Uhr nachts. Von allen Seiten strömen große Menschenmengen nach Pöchlarn, um das Eintreffen des Trauerzuges zu erwarten. Die Gendarmerie geht jedoch sehr streng vor und läßt niemanden passieren. Die Straßen bleiben abgesperrt.

Das mittelalterliche Schloss Artstetten erhielt in der Renaissancezeit seine vier Zwiebeltürme. 1823 kam es in den Besitz des österreichischen Kaiserhauses. Im Jahr 1889 übernahm es der österreichische Thronfolger Franz Ferdinand.

Die dem hl. Jakob geweihte Schloss- und Pfarrkirche befindet sich an der Ostseite des Schlosses und wurde in der Barockzeit erweitert. 1909 ließ Franz Ferdinand unter dem Vorplatz der Kirche eine Familiengruft errichten, wo er und seine Frau Sophie, Herzogin von Hohenberg, bestattet wurden.

Einzelne Personen, welche offenkundig nicht aus der Gegend sind, werden zur Ausweisleistung verhalten. Inzwischen ralliieren sich die Feuerwehren und Veteranenvereine und gehen zum Bahnhof, wo sich auch die Gemeindevertretung eingefunden hat.

Gegen halb 1 Uhr ging eine Bewegung durch die harrende Menge. Man hörte von fern das Rollen des Zuges und Punkt 12 Uhr 37 Minuten leuchteten unmittelbar vor der Station die Lichter der Lokomotive auf. Der Zug fuhr durch die Station durch, und es schien, als ob er hier gar nicht halten wolle. Erst außerhalb der Station, beim Rangierbahnhof, blieb er stehen. Hier war neben dem Lastenmagazin ein schwarz dekoriertes Trauergerüst errichtet worden, und an dieser Stelle erwarteten die wenigen offiziellen Persönlichkeiten, die hiezu dienstlich berufen waren, den Zug. Es waren dies der Vertreter des Bezirkshauptmannes von Melk, Graf MacCaffry, Landesgendarmeriekommandant Oberst Gautsch v. Frankenturm, der Stationschef Hatter sowie die Ortsgeistlichkeit, an ihrer Spitze Reichsratsabgeordneter Pater Bauchinger.

Der Hoftrauerzug bestand aus einem Salonwagen, der in eine Kapelle umgewandelt ist und in dem die Särge Platz gefunden hatten. Weiter waren zwei Personenwagen angekuppelt, in denen sich das Gefolge befand, und ein Gepäckwagen. Nachdem der Zug gehalten hatte, entstiegen dem Personenwagen Obersthofmeister Baron Rumerskirch, die Dienstkämmerer Rittmeister Graf van der Straten und Dr. Andreas Baron Morsey, Flügeladjutant Oberst Doktor Karl Bardolff, die Hofdame der Herzogin Gräfin Lanjus, die Beamten des Obersthofmeisteramtes und des Sekretariats des Erzherzogs und das erzherzogliche Kammerpersonal.

Inzwischen waren Leiblakaien zum Salonwagen getreten; ihnen folgten Hausoffiziere und Bedienstete der Wiener städtischen Leichenbestattung, und diese hoben die Särge aus dem Salonwagen und trugen sie zum Trauergerüst, wo in Gegenwart der kleinen Gruppe von dienstlichen Funktionären P. Bauchinger die Einsegnung der Leichen vornahm. Nachdem die kirchliche Zeremonie vorüber war, wurden die Särge, von Leiblakaien und Gendarmen bewacht, auf dem Trauergerüst gelassen, die übrigen Funktionäre entfernten sich. Der anwesende Funktionär der Bezirkshauptmannschaft Melk erstattete dem Obersthofmeister Baron Rumerskirch die Meldung, worauf sich die Herren vom Bahnhof entfernten. Der Sonderzug, in dem sich die Leichen befinden, wird von Gendarmen bewacht. Um halb 3 Uhr früh finden sich wieder sämtliche Funktionäre im Bahnhofe ein. […] Der Ortspfarrer Reichsratsabgeordneter Pater Bauchinger nimmt die Einsegnung der Leichen vor, worauf sich der Zug zum Donauufer rangiert. Als Avantgarde marschiert eine Abteilung der Feuerwehr unter dem Befehl des Kommandantenstellvertreters Lechner. Darauf folgt die Geistlichkeit und unmittelbar nach ihr werden in zwei Glasleichenwagen die Särge geführt. Hinter den Särgen schreiten die mit dem Sonderzug angekommenen Herren des Hofstaates, die Gemeindevertretung mit dem Bürgermeister Wran an der Spitze, der Präsident des Veteranenbundes Strauß, der Bezirkskommandant des Melker Bezirkes Fischhuber und als Nachhut folgt eine Veteranenabteilung unter der Führung des Pöchlarner Kommandanten Rudolf Stößler. Zu beiden Seiten des Leichenzuges bilden Gendarmen, Veteranen und Feuerwehrleute ein ambulantes Spalier. Dem Leichenzuge voran reiten zwei Laternenträger und ein Kreuzträger.

Inzwischen begann es zu tagen, und als der Leichenzug am Donauufer anlangte, war das Zwielicht bereits geschwunden und der Tag im Entstehen. Die Leichenwagen wurden auf die fliegende Brücke gebracht, die Herren des Hofstaates, der Vertreter der politischen Behörde und der Landwehrkommandant folgten nach. Wenige Minuten später begann sich das schwerfällige Fahrzeug in Bewegung zu setzen und überquerte den Donaustrom.

Am linken Ufer der Donau wird die Bevölkerung von Klein-Pöchlarn, die dortige Feuerwehr und die Ortsgeistlichkeit mit dem Pfarrer Pleßner erscheinen und Spalier bilden. Die ganze Straße bis Artstetten hinauf wird dem Programm zufolge von diesem Spalier besetzt sein. In Artstetten selbst erwarten wieder die Gemeindevertretung, die Feuerwehr und der Jungfrauenverein den Leichenzug. Das letzte Stück bis zum Schloß hinauf bilden die erzherzoglichen Bediensteten das Spalier, die sich dem in den Schloßpark einfahrenden Leichenzug anschließen werden. Die Särge werden sofort in die Schloßkirche gebracht und dort aufgebahrt werden.

Neue Freie Presse, 4. Juli 1914

Aus Béla Kuns Sommerfrische

Das Gerücht von einer baldigen Entfernung Béla Kuns und seiner Genossen samt den Familienmitgliedern der ehemaligen ungarischen Räteregierung hat in der Bevölkerung des Waldviertels lebhafteste Freude erregt. Leider war es eben nur ein Gerücht, denn sämtliche Internierte befinden sich nach wie vor in den ihnen zugewiesenen Aufenthalten. Béla Kun, Poor und Landler hausen noch immer in der „Heidlmühle im Kollmitzgraben", während die ehemaligen „Volksbeauftragten" Vogo, Dr. Rakosch, Lengyel, Pargo, Modarasz, Poganz, Rakasi, Hamburger und Schlesinger im Lager Karlstein untergebracht sind. Außerdem werden 14 männliche Personen und 16 Damen, die Gattinnen verschiedener Mitglieder der ehemaligen Räterepublik im Drosendorfer Internierungslager bewacht gehalten. [...]

Frau Hevesy Jola beklagte sich vor zirka zehn Tagen über Magenbeschwerden, die angeblich von der allzu einfachen Kost herrührten; sie wurde auf Grund eines ärztlichen Zeugnisses aus Drosendorf entlassen und in das Sanatorium Dr. Löw gebracht.

Die zu Beginn der Internierung der Béla-Kun-Leute verbreiteten Mitteilungen, die Bezirkshauptmannschaft Waidhofen an der Thaya hätte den Internierten über Auftrag der n.-ö. Landesregierung reichliche Lebensmittelmengen überwiesen, entspricht nicht den Tatsachen, die Bezirkshauptmannschaft veranlaßte bloß, daß für sämtliche Internierte Lebensmittelkarten, für die Männer obendrein Raucherkarten, ausgefertigt werden und zwar auf dieselben Rationen lautend, wie sie derzeit gesetzlich festgesetzt sind.

Béla Kun, Poor und Landler verbringen ihre Tage in der „Heidlmühle" im seligen Nichtstun, das nur durch den Empfang der täglich einmal aus Wien und Ungarn einlangenden Korrespondenz auf kurze Zeit unterbrochen wird. Sämtliche Briefe werden von der Polizeidirektion in Wien sowie von der Bezirkshauptmannschaft Waidhofen an der Thaya zensuriert. Durch kleine Rundgänge um das Gebäude der „Heidlmühle" und im Garten derselben, in dem sich übrigens eine Kegelbahn befindet, der die drei Internierten fast täglich zusprechen, wird ebenfalls der Langweile etwas Einhalt geboten. Mit Zigarren und Zigaretten sind Béla Kun und seine beiden Mitbewohner noch immer reichlichst versorgt. Anfangs versuchten sie auch durch Aufwarten von Zigaretten von der Bewachungsmannschaft mancherlei Erleichterungen zu erlangen, was aber fehlschlug. Lebhafte Heiterkeit und Entrüstung zugleich erregte das Benehmen Béla Kuns bei seiner Einlieferung in die „Heidlmühle", wo er dem Waidhofner Bezirkshauptmann Dr. Pilz bei der Begrüßung die Hand entgegenstreckte und als dies der Bezirkshauptmann zu übersehen schien, ihm und den anderen Beamten mit den feinsten Zigarren und Zigaretten, letztere in einer goldenen Tabatière, aufwarten wollte, was natürlich ebenfalls abgelehnt wurde. [...] Der Zorn und die Erbitterung der Bevölkerung des gesamten Waldviertels hat keineswegs, wie vor einigen Tagen verlautete, einer milderen Stimmung Platz gemacht; nach wie vor betrachtet es die Bevölkerung als eine Schande, daß man Béla Kun und Konsorten das Waldviertel als Asyl zugewiesen hat.

Reichspost, 25. August 1919

Béla Kun (1886–1938) entstammte einer jüdischen Familie in Siebenbürgen. Im Ersten Weltkrieg diente er für die österreichisch-ungarische Armee. 1919 war er bei der kommunistischen Revolution in Ungarn federführend.

In der Haidlmühle im Thayatal bei Kollmitzgraben südöstlich von Raabs wurde nicht nur Mehl gemahlen, sie verfügte auch über ein Kleinkraftwerk und geriet 1919 durch den Aufenthalt des Kommunisten Béla Kun in die Schlagzeilen.

Feierliche Eröffnung der Landesausstellung in Horn

Am 8 d. M. wurde durch Bundespräsidenten Doktor Hainisch die Ausstellung in Horn feierlich eröffnet. Zum Empfange des Bundespräsidenten, der an der Stadtgrenze von dem Bezirkshauptmann Hofrat Tinus eingeholt wurde, hatten sich u. a. eingefunden: Minister Dr. Schürff, der Präsident des Nationalrates Miklas, Landeshauptmann Dr. Buresch, Landeshauptmannstellvertreter Reither, Landtagspräsident Ing. Jukel, die Landesräte Dr. Beirer und Dr. Mittermann, der Präsident des Landesschulrates Prader, der Präsident des Landesverbandes für Fremdenverkehr Reg.-Rat Klieber, ferner die Nationalräte Brinnich, Oelzelt und Teufel, die Landtagsabgeordneten Dr. Czermak, Höchtl, Frau Hölzer, Jedek, Lindner, Mück, Schöchtner, Bundesrat List, die Prälaten der Stifte Altenburg, Geras und Zwettl, die Gutsbesitzer der Umgebung Hoyos, Traun und Thurn, weiters Kammerpräsident Tilgner mit Vizepräsident Lenhard und Kammeramtsdirektor Dr. Götzinger, die Handelskammerräte Bartek und Richter, Kammeramtsdirektor der Landes-Landwirtschaftskammer Dr. Dollfuß, Sektionschef Pfersmann und Hofrat Kammel vom Ministerium für Handel und Verkehr, zahlreiche leitende Beamte der n.-ö. Landesregierung, so die Oberamtsräte Dr. Axmann, Dr. Donin, Dr. Hanauska, Dr. Wimmer, Dr. Ziegler, die Baudirektoren Hofrat Ing. Dorninger, Ing. Geißler und Ing. Riedl, Chefarchitekt der Ausstellung Oberbaurat Ing. Prokop, Kommerzialrat Heinzelmayer, die Gemeindevertretungen von Horn, die verschiedenen Korporationen mit ihren Fahnen u. v. a. Die Stadt war festlich beflaggt und heller Sonnenschein breitete sich über die Landschaft. Beim katholischen Vereinshaus fand ein Empfang des Bundespräsidenten durch Bürgermeister Wizlsperger statt, der den Bundespräsidenten im Namen der Stadt herzlichst willkommen hieß. Im Vereinshaus selbst begrüßte Präsident des Nationalrates Miklas den Bundespräsidenten und die erschienenen Festgäste namens der ganzen Bevölkerung des Viertels ober dem Manhartsberg und gab in schwungvoller Rede ein Bild von der historischen und kulturellen Entwicklung des Waldviertels und hob hervor, wie dieser Teil des Landes, der in seinem Süden von den Nebengländen an der Donau umgrenzt sei, während er im Norden bis zum rauhen Nebelstein aufsteige, unter den schwierigsten Verhältnissen in seiner industriellen, gewerblichen u. landwirtschaftlichen Tätigkeit zu kämpfen habe, da die Verkehrverhältnisse in diesem Gebiete äußerst schwierige seien. Trotzdem wolle sich auch dieser Volksteil in seiner Arbeit für das Volksganze nicht übertreffen lassen und wolle seinen Teil mit beitragen zum Wiederaufstiege der gesamten Heimat. Er habe die Ueberzeugung, daß die Gäste den Eindruck mit nach Hause nehmen werden, daß hier ein strebsames Volk wohne, das treu an seinem

Zur Eröffnung der Niederösterreichischen Landesausstellung am 8. September 1928 in Horn kamen (von links nach rechts) der Horner Bürgermeister Adolf Wizlsperger, Bundespräsident Michael Hainisch und Wilhelm Miklas, Präsident des Nationalrates (später Bundespräsident).

Volkstum hänge und nach Geltung ringt, und daß es sich durch gemeinsame rastlose Arbeit auch jene Anerkennung verschaffen wolle, die es verdiene. Als nächster Redner sprach der Ausstellungspräsident Landesrat Dr. Beirer, der in seinen Darlegungen ein eingehendes Bild über das Werden und Entstehen der Landesausstellungen gab und die Fortschritte hervorhob, die sich von Jahr zu Jahr bei den einzelnen Landesausstellungen durch die Erfahrung ergeben. Er gedachte hiebei der besonders rührigen Arbeit des Bürgermeisters Wizlsperger, der unermüdlich tätig war, um die Ausstellung zu einem schönen Erfolg zu führen.

Ein besonderes Gepräge habe die heurige Ausstellung, daß auch die Landesverwaltung in allen ihren Zweigen sich an der Ausstellung beteiligt habe und so ein Bild gebe von der engen Verbindung, die zwischen der Landesregierung und der Bevölkerung herrsche. Auch er danke dem Präsidenten für sein Erscheinen und gab dem Wunsche Ausdruck, daß er die besten Eindrücke von der Ausstellung mit nach Hause nehme. Präsident Tilgner der Handels- und Gewerbekammer begrüßte den Bundespräsidenten im Namen von Industrie, Handel und Gewerbe in diesem Gebiete und hob hervor, daß die Landesausstellungen viel dazu beigetragen, die Erfolge der gewerblichen Arbeit weiteren Kreisen zu zeigen und durch Ausstellungsobjekte gegenseitig zum Wettbewerbe anregen. Präsident der Landes-Landwirtschaftskammer Landeshauptmann-Stellv. Reither begrüßte namens der Landwirtschaft den Bundespräsidenten u. die schaffenden Stände und hob hervor, daß die Landwirtschaft schon lange die Bedeutung solcher Schaustellungen erkannt habe und sie mit allen Kräften fördere. Es werde dadurch nicht nur der Wettbewerb zwischen den einzelnen Landwirten angeregt, sondern auch die Produktion mächtig gefördert und die nicht landwirtschaftstreibende Bevölkerung auf die Erfolge der Landwirtschaft aufmerksam gemacht. Welche Bedeutung diese habe, zeigen auch die Erfolge der Landwirtschaft auf der Wiener Messe. Auch im Waldviertel sei die Landwirtschaft schon aus ihrem Dornröschenschlaf erwacht und strebe machtvoll nach aufwärts. Die Kammer werde diese Bestrebungen stets werktätig unterstützen. Landeshauptmann Dr. Buresch erinnerte an die Reise des Bundespräsidenten in das Waldviertel, der von der jungfräulichen Schönheit dieses Landes äußerst tiefe Eindrücke empfangen habe. Er begrüßte den Bundespräsidenten namens der Landesregierung aufs ehrfurchtsvollste und dankte ihm, daß er wiederum in das Waldviertel gekommen sei. Er werde sich überzeugen können, daß trotz aller Schwierigkeiten auch im Waldviertel die Dinge aufwärts gehen und das[s] dieses Volk, das mit zäher Liebe an seiner Heimat hänge, auch mit allen Kräften mitarbeite an dem Wiederaufstiege unseres Vaterlandes und unseres Volkes. Bundespräsident Dr. Hainisch dankte für die warmen Worte der Begrüßung und hob hervor, daß er gerne wieder in das Waldviertel gekommen sei, das er durch seine seinerzeitige Reise kennen und lieben gelernt habe. Das rauhe Klima des Waldviertels brauche seine Bewohner nicht abzuschrecken. Durch Zähigkeit und Selbstvertrauen werde sich auch auf diesem Boden ein entsprechender Ertrag erringen lassen, und es freue ihn zu hören, daß auch hier überall ein Streben nach Aufwärts und ein stetig steigender Erfolg in Landwirtschaft, Industrie und Gewerbe zu verzeichnen sei. Er wünsche, daß die Ausstellung diese Erfolge noch vertiefen möge und erkläre sie in diesem Sinne für eröffnet. Bei der Eröffnungsfeier im Vereinshaus wirkten auch der Horner Männergesangverein und die Musikkapelle des Kremser Infanterieregimentes mit und brachten unter Leitung des Prof. Dr. Lenz mit großem Erfolge mehrere Chöre zur Aufführung. Der Bundespräsident besichtigte dann unter Führung des Bürgermeisters Wizlsperger, des Landesrates Dr. Beirer, des Kammerpräsidenten Tilgner und des Hofrates Löschnigg die einzelnen Teile der Ausstellung. […] Der Bundespräsident besuchte auch die Buchausstellung im Horner Gymnasium und unternahm dann eine Rundfahrt durch die Stadt, wodurch die Besichtigung abgeschlossen wurde.

Ybbser Zeitung, 15. September 1928

Im Ausstellungsgelände rund um Hauptschule und Konviktsgebäude waren zahlreiche Verkaufspavillons aufgebaut, darunter auch die der Horner Firmen Ludwig Pollatschek und Hans Beinhauer. Die Schau verzeichnete 63.000 Besucher; Horn selbst hatte damals nur 3300 Einwohner.

Klerikales Leben in Kirchen und Klöstern

Im Waldviertel gibt es, ganz im Gegensatz zum Weinviertel, zahlreiche große Klöster und Wallfahrtskirchen. Bekannt und berühmt sind die Stifte – von Altenburg bis Zwettl. Die hier von den Patres gehüteten Kulturgüter, umfangreiche Bibliotheken wie auch große Sammlungen wertvoller Sakralgegenstände, sind Schätze, deren Wert auch außerhalb der Klostermauern große Bedeutung hat. So ist die Aufregung verständlich, als im Juni 1930 in die Bibliothek des Stiftes Altenburg ein Blitz einschlug; doch außer einigen zerbrochenen Fensterscheiben hielt sich der Schaden in Grenzen. Ganz anders war es in Stift Zwettl, das außerhalb der Stadt liegt. Hier waren dreiste Räuber in die Schatzkammer des Stiftes eingedrungen und machten reiche Beute, darunter eine silberne Barockmonstranz mit 365 Diamanten.

Als am 21. Jänner 1916 der beliebte Pfarrer Zwettls, P. Moritz Pihringer, vor dem Rathaus auf offener Straße einen Schlaganfall erlitt und wenige Stunden später verstarb, war die ganze Stadt erschüttert. Noch tragischer war der Tod eines Geistlichen in Maria Taferl. Pater Klein, 32 Jahre, modern, aufgeschlossen, interessiert und gebildet, wurde mit dem stumpfen Alltag des „religiösen Touristenthumes" in Maria Taferl nicht mehr fertig. Im September 1868 beendete er mit einem Revolverschuss in der Donau sein Leben.

Zu guter Letzt gibt es aus der barocken Wallfahrtskirche von Maria Dreieichen zwischen Horn und Eggenburg Positives zu berichten. Glaubt man der Überlieferung, so wurde 1876 hier ein stummes Mädchen aus Südmähren wie durch ein Wunder geheilt.

Vom plötzlichen Tod des Dechants

Aus Zwettl, 21. d, berichtet man uns noch über den bereits gemeldeten plötzlichen Tod des hochw. Herrn emerit. Dechants und Pfarrers, bischöfl. geistl. Rat P. Moritz Pihringer: Als heute vormittags Herr Dechant zur Schule gehen wollte, um um 9 Uhr dort Unterricht zu erteilen, blieb er plötzlich beim Rathause stehen, wankte und fiel seitwärts zu Boden. Herr Bürgermeister Schwarz, welcher dies sah, lief hin und hob den Zusammengesunkenen im Verein mit dem Hausbesorger auf, und wollte Herrn Dechant auf die Bank vor dem Hause setzen; im selben Moment wurde Herr Dechant ganz steif; Herr Bürgermeister erkannte sofort, daß Herr Dechant einen Schlaganfall erlitten habe und ersuchte Herrn Berger, welcher inzwischen dazukam, helfend einzugreifen. Sie trugen ihn nun in den nahen Pfarrhof. Der Hochw. Herr Kooperator P. Alan Hubmer, welcher um 9 Uhr aus der Schule kam erkannte gleichfalls den Ernst der Sache und spendete Herrn Dechant die hl. letzte Oelung, und betete den Sterbeablaß. Der schnell gerufene Arzt Dr. Niederleithinger konstatierte Gehirnschlag. Und um 12¼ Uhr mittags ist Hochw. Herr Dechant sanft und ruhig im Herrn entschlafen. Das Leichenbegängnis wird am Montag um 10 Uhr vormittags stattfinden. Was der Hochw. Herr Dechant für Zwettl war, läßt sich nicht schildern, dies kann nur ein Zwettler begreifen; es ist nicht übertrieben, der beste Mann der Gemeinde, er ist nicht mehr. Ein edler Charakter, ein frommer Priester, lieber Katechet. Ein ganzer Mann durch und durch ist in ein besseres Jenseits hinübergegangen, wo er den ewigen Lohn ernten wird, den er sich hier auf Erden wohl verdient hat. Während der 20 Jahre, die der Verstorbene in Zwettl war, hat er viel geleistet in und außer der Kirche. Die Kirche in Zwettl wird dank seiner Restaurierungen von vielen ein Schmuckkästchen genannt. Der Turm wurde restauriert und wurde mit Schiefer eingedeckt. Auch bei dem Schulbau hat der Verstorbene mit Rat und Tat mitgeholfen. Würde man die vielen Verdienste des Hochw. Herrn Dechants alle aufzählen, so würde dies einen großen Raum einnehmen.

Linzer Volksblatt, 23. Januar 1916

Die Pfarrkirche von Zwettl (Mariä Himmelfahrt) wurde als spätromanische Pfeilerbasilika errichtet. Der weithin sichtbare Turm stammt aus der Mitte des 19. Jahrhunderts, ursprünglich war er Teil der Stadtmauer.

Blitzschlag in die Bibliothek des Stiftes Altenburg

Aus Stift Altenburg, 23. d., wird der „Reichspost" geschrieben: Am Samstag entlud sich um ½2 Uhr nachmittags über der Umgebung von Horn ein trockenes Gewitter, wobei ein Blitzschlag in die berühmte Bibliothek des Benediktinerstiftes Altenburg erfolgte. Erst eine halbe Stunde später bemerkten Ortsbewohner aus dem Dache aufsteigenden Rauch und verständigten die Stiftsinsassen. Diesen gelang es im Vereine mit Mitgliedern der Feuerwehr das bereits brennende Gebälk zu löschen, bevor der Brand größere Ausdehnung gewann. Bei der Unmöglichkeit einer Löschaktion infolge der örtlichen Lage wäre die Bibliothek ein Opfer der Flammen geworden und unersetzliche Baudenkmäler und Fresken aus der Blütezeit des Barock wären vernichtet worden. So beschränkt sich, Gott sei Dank, der Schaden auf einige zertrümmerte Fensterscheiben und Balkenstücke.

Reichspost, 25. Juni 1930

In Stift Altenburg leben die Mönche nach der Regel des hl. Benedikt von Nursia getreu dem Motto „Ora et labora" (Arbeite und bete). Zur Arbeit der Patres gehört unter anderem die Betreuung von sechs Pfarren in der nächsten Umgebung zwischen der Stadt Horn und Maria Dreieichen.

Die gestohlenen Schätze der Stiftes Zwettl

Aus Zwettl wird berichtet: Das Stift Zwettl liegt etwa eine halbe Stunde außerhalb der Stadt und umfaßt fünfzehn bis zwanzig Häuser. An der einen Seite des Stiftes, dort wo der Einbruch geschah, grenzt das Stift an die Straße, einen Bach und dahinter an den Stiftswald. Der Trakt des Stiftes, wo die Schatzkammer ist, liegt gegen den Wald und Bach. Von dort her sind die Einbrecher gekommen. Sie haben erst eine ungefähr fünf Meter hohe Mauer zu überklettern gehabt und sind dann in den Garten gelangt. Vom Garten kamen sie in den Hof, der eng und auf der einen Seite von der hinteren Mauer der Stiftskirche und auf der andern Seite von der Fassade des Stiftes begrenzt wird. Sie wußten genau, welches Fenster der Mauer zur Schatzkammer gehört. Diese liegt in einem nicht bewohnten Teile des Stiftes. Die Schatzkammer ist auch für den allgemeinen Besuch nicht zugänglich. Die Einbrecher nahmen eine etwa acht Meter hohe Leiter, lehnten sie an die Mauer der Stiftsfassade an, genau beim Fenster der Schatzkammer. Nun kletterten sie hinan. Das Fenster hat, wie alle an dieser Front, ein gewölbtes Eisengitter. Es war ein Leichtes, einen Stab des Gitters zu durchsägen und aufzubiegen. Nun bot noch ein engmaschiges Drahtgitter Widerstand; in dieses war aber bald ein Loch gerissen. Hinter dem Gitter war ein Fenster mit bleieingefaßten, kleinen Scheiben. Die Täter durchbrachen einige kleine Scheiben, steckten dann durch die Oeffnung die Hand und konnten die Riegel bewegen. So gelangten sie in die Schatzkammer. Die Leiter ließen sie lehnen. Wohl ist die Schatzkammer mit einem Läutewerk versehen, allein gerade an jenen Tag war Segen im Stift, und das Läutewerk das gewöhnlich um 7 Uhr abends eingeschaltet wird, wurde an diesem Abend erst um ½9 Uhr eingeschaltet. Einmal in der Schatzkammer, machten sich die Täter an das Oeffnen der mächtigen Schränke, die hoch auf Postamenten stehen. Die Meßgewänder, die ebenfalls sehr kostbar, aber nicht leicht transportabel sind, ließen sie zurück.

Sie nahmen aber folgende niedliche Dinge mit: Da war eine große silberne Barockmonstranze mit 365 Diamanten, von zusammen 62½ Karat, 34 großen und mittleren Brillanten, 206 großen, mittleren und kleinen Rubinen, 179 großen und mittleren Smaragden, 13 großen Saphieren, 36 großen und mittleren böhmischen Granaten, 14 großen orientalischen Granaten, 57 großen Amethysten einem großen spanischen Topas, 2 Chrysolithen, einem besonders schweren Amethyst, einem Aquamarin und sehr großen, halben Perlen. Die Monstranz war zu groß, als daß sie durch die Oeffnung im Fenster hätte durchgehen können; so haben sie die Einbrecher, wie die zurückgebliebenen Schräubchen beweisen, zerlegt. Dann stahlen sie: eine gothische Monstranze aus Silber mit Diamanten, ein silbernes, vergoldetes Partikelkreuz in

Das Zisterzienser-Stift Zwettl liegt außerhalb der Stadt Zwettl am Kamp. Die barocke Fassade mit dem 82 Meter hohen Turm, dem zweithöchsten Niederösterreichs nach Stockerau, wurde von Joseph Munggenast nach Plänen von Matthias Steinl errichtet.

Monstranzenform, mit vielen echten Steinen und großem Smaragd, ein silbernes Vesperkreuz mit teilweise echten Steinen und kleinen Perlen, einen goldenen Kelch mit Patene, 1120 Gramm schwer; einen großen silbernen Kelch mit vielen echten Steinen und Emailbildern im Gewichte von 1060 Gramm, einen gotischen silbernen Kelch mit Emailverzierung, einigen Halbedelsteinen, 1220 Gramm schwer, ein großes Ziborium aus Silber mit vielen echten Steinen und Emailbildern, 1280 Gramm schwer, ein silbernes, vergoldetes Meßkännchen, dessen Einfassungen echte Steine enthalten, und dann zwei bis drei silberne Versehkapseln. Die Kostbarkeiten waren in Etuis. Diese ließen die Täter zurück. Sie ließen aber auch viele andre Kostbarkeiten zurück, offenbar, weil sie mitten in der Arbeit verscheucht worden sind. So blieb eine schon zum Wegtragen bereite silberne Tasse, so blieb auch ein mit Brillanten besetzter Kelch zurück; auch von den verschiedenen Pektoralen nahmen sie nur eines. Für die ganze Arbeit waren ihnen nur anderthalb Stunden zur Verfügung gestanden, denn um ½9 Uhr wurde das elektrische Läutwerk eingeschaltet.

Es läutete auch und man wußte im Stift, daß Einbrecher in der Schatzkammer sind. Die Mönche und das Hauspersonal liefen nun durch die langen Gänge und über die Stiegen zur Schatzkammer. Als sie hinkamen, war die Tür von innen verriegelt. Es mußte erst ein Schlosser geholt werden. Man hoffte noch, die Täter in der Schatzkammer zu finden; allein diese war leer, das Fenster stand offen, die Einbrecher waren geflohen. Auf dem Tatort blieben zurück: ein Stemmeisen, eine Metallsäge und ein Fläschchen mit Oel zum Einfetten der Säge. Die Diebe haben die Leiter an eine andre acht Meter hohe Mauer der Einfriedung gelehnt, sind auf ihr hinaufgeklettert und so aus dem Bereich des Stiftes entkommen. Aus den Fußspuren schließt man, daß drei Einbrecher am Werke waren. Man glaubt, daß es dieselben waren, die ein paar Tage vorher die Eisenbahnkasse Zwettl aufgesprengt, aber nur 45 Schilling gefunden haben.

Arbeiter-Zeitung, 7. September 1925

Danksagung des geheilten Mädchens in Maria Dreieichen

Am 23. Juni ging aus Joslowitz in Mähren die Dank-Prozession wegen des am 27. Mai d. J. in Maria Dreieichen (bei Horn in Niederösterreich) plötzlich wunderbar geheilten Mädchens Maria Macek von Joslowitz (welches durch fünf Jahre und 20 Tage ganz stumm war und am obigen Tage in dieser Wallfahrtskirche – was mehrere Hundert Augen- und Ohrenzeugen bestätigen – plötzlich die Sprache erhielt) unter Führung des H. H. Kooperators dahin ab.

Mehrere hundert Personen betheiligten sich an dieser zweiten Prozession. Der feierliche Einzug in die Wallfahrtskirche fand am 24. Juni Früh um ½6 Uhr statt. Bevor der Zug sich zur Kirche bewegte, hielt der Herr Kooperator von Joslowitz eine Ansprache an die zahlreich versammelte Volksmenge, wobei kein Auge trocken blieb. Zwölf Mädchen, welche heuer die erste heil. Kommunion empfangen haben, alle geschmückt und in feierlicher Kleidung, eröffneten den Zug. Zwei dieser Mädchen trugen das Votiv-Bild, zwei hielten beiderseits dessen Schleier, und zwei andere Mädchen trugen die vom Bilde herabhängenden seidenen Bänder. Das geheilte Mädchen, links und rechts von weißgekleideten kleinen Mädchen umgeben, ging, das Opferbild vor sich, in größter Andacht einher. Auf deren Antlitz perlten Thränen der freudigen Rührung und des Dankes zu Gott über ihre an diesem Gnadenorte so plötzlich erlangte wunderbare Genesung. Hierauf folgte die Geistlichkeit. Das Opferbild wurde auf der rechten Seite des Hochaltars aufgestellt. Das feierliche Hochamt zelebrirte der hochw. Herr Kooperator von Joslowitz. Immer und immer kamen Leute aus fernen Gegenden herbei, um das geheilte Mädchen zu sehen und mit selbem zu sprechen. Im Nu waren zirka 2000 vorhandene gedruckte Beschreibungen über diese Gebetserhörung von den Tausenden von Anwesenden vergriffen – selbst um theures Geld wollte Keines mehr eine solche Beschreibung hergeben.

Als um 2 Uhr Nachmittags die Prozession den Rückweg antrat, konnte der Zug lange nicht vorwärts, da stets Leute, soeben aus weiter Ferne daherkommend, sich zu dem geheilten Mädchen hindrängten, selbes umringten, um aus deren eigenem Munde die merkwürdige Thatsache zu vernehmen. Kaum war man einige Schritte gegangen, so riefen schon wieder rückwärts Stimmen: „Aufhalten, aufhalten!" Nachdem man bei der Dreifaltigkeits-Statue die letzte Danksagung gemacht, konnte die Prozession der vorgeschrittenen Zeit wegen auf fremde Leute keine Rücksicht mehr nehmen, man mußte vorwärts; es war aber nicht möglich, das geheilte Mädchen an die Spitze des Zuges zu bringen. In den verschiedenen Dörfern, welche die Prozession berührte, wurden dem Mädchen Blumensträuße, schöne

Die barocke Basilika Maria Dreieichen hat als Wallfahrtskirche überregionale Bedeutung. Die Kirche wurde von 1744 bis 1750 unter Abt Placidus Much, Abt des Stiftes Altenburg, erbaut. Nördlich der Wallfahrtskirche befindet sich die kleine Bründlkapelle.

Wachsstöcke u. a. Geschenke dargereicht – welche Gegenstände die es begleitenden Mädchen zum Tragen übernommen hatten.

Der Einzug in Joslowitz war höchst feierlich. Das geheilte Mädchen, in der linken Hand einen Blumenstrauß, in der rechten ein schönes Kreuz haltend, an der Spitze der Prozession gleich nach dem Kreuzträger einhergehend, nach ihr die kleinen Mädchen ebenfalls mit Blumensträußchen in Händen, dann die Priester und das Volk unter Gesang und Musik und dem Geläute aller Glocken in die Kirche einziehend – war rührend anzusehen. Vier bis fünf Stunden weit eilten die Leute herbei; noch nie waren in Joslowitz so viele Menschen beisammen, als bei diesem Einzuge. Ein anderes Votiv Bild, die allerheiligste Dreifaltigkeit darstellend, wird in der Pfarrkirche aufgestellt, weil das Mädchen nächst der Dreifaltigkeits-Statue in Maria Dreieichen zum ersten Male laut und deutlich gesprochen. Eine Fotografie der Prozession ist bei Mathias Mondel Nr. 298 in Joslowitz in Mähren zu bekommen, und sendet derselbe auch per Post derlei Fotografien den Bestellern zu.

Neuigkeits-Welt-Blatt, 29. Juni 1876

Maria-Taferl: Selbstmord des Kaplans

Aus Marbach an der Donau schreibt man uns unterm 19. September: In der letzten Nacht ist unser ereignißarmes Städtchen und Wallfahrtsort Maria-Taferl durch eine Katastrophe in Aufregung gebracht worden, durch den Selbstmord des Caplans P. Klein. Derselbe gehörte, kaum 32 Jahre alt, unbedingt zu den aufgeklärtesten Geistlichen unseres Sprengels und war der beliebteste der sieben Hilfsgeistlichen, welche dem Dechant zu Maria-Taferl zur Seite stehen. – Ernste Studien waren seine Lieblingsbeschäftigungen, und seit er im vergangenen Jahre eine Reise zur Pariser Ausstellung gemacht, in Frankreich und West-Deutschland mit vieler Gründlichkeit die clericalen und confessionellen Verhältnisse erforscht, widerte ihn seine hiesige Stellung in hohem Grade an. Nicht wenig trug dazu die geistig abstumpfende, unerquickliche Mission bei, den Heuer wegen der guten Ernte massenhaft anströmenden Wallfahrern alltäglich dasselbe predigen und Zeuge des geradezu heillosen Unfuges sein zu müssen, den diese Leute unter dem Panier religiösen Touristenthumes hier wie an allen Wallfahrtsorten verübten. Nach dieser Richtung hin hat sich P. Klein gegen einen ihm befreundeten Doctor Juris mannigfach ausgesprochen. – Er suchte diesen Letzteren, sowie andere gebildete Männer der Umgegend, den weiten Weg nicht scheuend, gerne auf, da ihm der Aufenthalt in Maria-Taferl, welches außer dem Dechantenhofe fast nur aus Wirthshäusern besteht, zu wenig geistige Nahrung bot. Ohne weitere Veranlassung – so wenigstens wird in Maria-Taferl erzählt – ließ er sich, nachdem er am 18. Abends im Dechantenhofe mit Standesgenossen eine Partie Whist gespielt hatte, von einem Diener das Thor aufsperren – „er wolle noch einen Spaziergang machen“, bemerkte er. Gegen ¾10 Uhr will ein Wirth von Marbach den P. Klein noch die Richtung nach Klein-Krummnußbaum zu einschlagend gesehen haben. Thatsächlich wurden die Bewohner dieses kleinen, aus wenig Häusern bestehenden Ortes um 10 Uhr durch einen Schuß und einen Schrei erschreckt. P. Klein hatte sich, bis über die Knie in der am Ufer sehr seichten Donau stehend, mittelst eines Revolverschusses entleibt. Es war finstere Nacht, doch wurde der noch zuckende Leichnam gefunden und von Landleuten ans Ufer gezogen. Der Selbstmörder scheint vorausgesetzt zu haben, daß sein Leichnam von den Fluthen weggeschwemmt werden würde, da er, wie man erzählt, in seinem Zimmer einen Zettel zurückgelassen haben soll, aus welchem ohne weiteren Beisatz wenige Worte des Sinnes geschrieben waren, „man solle sich seinetwegen nicht beunruhigen; er sei todt und verzichte darauf, den Grund seines Selbstmordes anzugeben.“ Dr. Pelser, Secundararzt im Irrenhause zu Ybbs, hat heute die Obduction vorgenommen und soll, dem Vernehmen nach, eine bedeutende Verdickung der Herzarterien constatirt haben. Dies sichert dem hier allgemein beklagten P. Klein ein ehrliches Begräbniß, welches im Laufe des morgigen Tages stattfinden soll.

Klagenfurter Zeitung, 27. September 1868

Die im Nibelungengau hoch über der Donau befindliche Wallfahrtskirche Maria Taferl ist der „Schmerzhaften Muttergottes" geweiht. Im Jahr 1947 wurde die beliebte Wallfahrtskirche von Papst Pius XII. zur Basilika erhoben.

Einbrecher, Diebe, Mörder

Einbrecher suchen Ziele, wo es mit großer Wahrscheinlichkeit etwas zu holen gibt. Ein Ziel erster Wahl war die Rosenburg hoch über dem Kamp. 1920 wurden hier 15 Ölgemälde, drei antike Uhren und andere Kunstschätze gestohlen, Täter wie Kunstgegenstände, letztere in Wien-Hietzing, konnten ausgeforscht werden. Viel brutaler war im selben Jahr der Einbruch im Rathaus von Drosendorf. Dort wurde der Gemeindewächter Johann Häusel von einem Schlossergehilfen, der mit zwei Kumpanen den Einbruch verübt hatte, brutalst erschossen. Ein ähnliches Schicksal erlitt auch ein Gendarm, der Fischdiebe bei Groß-Radischen stellte, einen Schuss abgab und dann selbst von zwei Schüssen tödlich getroffen wurde. Nicht weniger gefährlich war der Revolverschuss einer verlassenen Geliebten in Pöggstall. Da ihr Geliebter, ein Postchauffeur, wegen einer jungen Wienerin die Beziehung beendete, schritt sie zur Verzweiflungstat. Der Chauffeur wurde nur leicht verletzt, die Täterin wurde zu vier Monaten bedingt verurteilt.

Eine schwere Strafe fasste im Vergleich dazu eine Köchin aus, die 1914 in Göpfritz a. d. Wild dem Bürger- und Fleischermeister Geld gestohlen hatte. Die schon zweimal vorbestrafte Bedienstete bekam zehn Monate schweren Kerker mit monatlich einem Fasttag. 1870 lesen wir von einem Meuchelmord des Johann Knierling an seiner Schwiegermutter in Neupölla. Auslöser waren Geldstreitigkeiten zwischen beiden. Das Urteil: Tod durch den Strang. Ebenfalls aus dem Hinterhalt erfolgte 1897 der Mord an einem Forstadjunkten der Gutsherrschaft Gföhl. Er wurde „buchstäblich zu Tode getreten".

Rosenburg: Kunstverständige Diebe

Vor einiger Zeit wurde das Hoyos'sche Schloß Rosenburg bei Horn von Einbrechern heimgesucht. Die Täter kamen unter dem Scheine von kunstliebenden Touristen ins Schloß und besichtigten die Sammlungen, aber in der Nacht darauf kletterten sie über einen steilen Felsen zur Höhe einer Altane, von wo sie in das unbewohnte Gebäude gelangten. Sie stahlen mit einigem Kunstverständnis aus der Galerie fünfzehn Oelgemälde, drei antike Uhren, ein altes Gewehr, mehrere Pistolen und ein Pulverhorn von sehr bedeutendem Kunstwert. Montag ist es dem Kriminalbeamten Inspektor Inquart im Verein mit einigen anderen Kriminalbeamten gelungen, die Täter zu verhaften. Haupttäter ist der 29jährige Leopold Weghuber, einer der gefährlichsten „Schrankknacker", der in vielem dem unrühmlichst bekannten Josef Breitwieser gleicht. Seine Helfershelfer waren der 26jährige Karl Riegler und der 39jährige Rudolf Sintak, die gleichfalls schon abgestraft sind. Es ist auch gelungen, die gestohlenen Bilder und Altertümer, die Weghuber bei einem Handelsangestellten in Hietzing aufbewahrt hatte, zu finden und zu beschlagnahmen.

Arbeiter-Zeitung, 9. Juni 1920

Das hoch über dem Kamp erbaute Renaissanceschloss Rosenburg befindet sich seit 1681 im Besitz der Familie Hoyos-Sprinzenstein. Zur Zeit der Reformation war die Rosenburg ein Zentrum des Protestantismus in Österreich.

Groß-Radischen: Ermordung eines Gendarmerie-Wachtmeisters

Wir haben berichtet, daß in der Nacht zum 22. d. M. in Groß-Radischen bei Litschau der Gendarmerie-Wachtmeister Johann Breier von Fischdieben ermordet wurde. Nun wird aus Waidhofen an der Thaya über die näheren Umstände des Mordes und die Entdeckung der Mörder Folgendes gemeldet: Man entdeckte die Mörder, als einer von ihnen, Namens Eggenberger aus Eggern, welchen der Wachtmeister angeschossen hatte, den Arzt in Heidenreichstein, Jacob Scheerer, rufen ließ und demselben angab, er sei vom Dache gefallen. Da jedoch offenbar eine Schußwunde vorlag, wurde der Sachverhalt klar und der Verwundete nannte seine Complicen. Dieselben sind Bauern der Umgebung. Der Wachtmeister überraschte die Fischdiebe, als dieselben einem größeren Fischteiche bei Groß-Radischen eben ihren nächtlichen Besuch abstatteten. Da sie über Aufforderung, stehen zu bleiben, davonliefen, schoß der Gendarm ihnen nach und traf den genannten Eggenberger in die Wade, worauf er selbst durch zwei Schüsse, von denen einer in die Brust, der zweite ins Auge ging, getödtet wurde. Eggenberger war selbst Fischmeister eines benachbarten Fischteiches und hätte es gar nicht nöthig gehabt, „mitzuthun", wurde aber von seinen Complicen überredet, mitzugehen. Der Verwundete, welcher einen schweren Beinbruch davongetragen haben soll, befindet sich in Lebensgefahr. Er ist Vater von sechs Kindern, das jüngste ist noch nicht ein Jahr alt. Die bedauernswerthe Familie des erschossenen Wachtmeisters besteht aus Frau und drei unmündigen Kindern.

Das Vaterland, 25. August 1895

Litschau, um 1200/1215 erstmals erwähnt, ist die nördlichste Stadt Österreichs. Hier wurde Kaspar Schrammel (1811–1895), Begründer der „Schrammel-Musik", geboren. Groß-Radischen gehört zur Marktgemeinde und liegt zwischen Litschau im Westen und Kautzen im Osten.

Pöggstall: Die verlassene Geliebte

Die 24 Jahre alte Müllerstochter Hermine Bleicher aus Pöggstall hatte seit vier Jahren ein Verhältnis mit dem Postchauffeur Ernst Richter. Die Beziehungen der beiden Leute nahmen aber ein Ende, als Richter eine junge Wienerin kennen lernte. Er zog sich von Hermine zurück. Für den 24. November des vorigen Jahres hatte er ein letztes Stelldichein mit ihr vereinbart.

Zufällig kam Hermine darauf, daß er das Versprechen gar nicht einhalten wolle. Als sie nachts an seiner Wohnung vorüberkam, ertappte sie ihn beim Einpacken seiner Habseligkeiten, woraus sie schloß, daß er Pöggstall heimlich verlassen wollte, ohne sie vorher noch einmal zu sehen.

Sie lief sofort zu ihm und stellte ihn zur Rede. Er gab zu, daß er sofort abreisen wolle, versprach aber, daß er vielleicht noch einmal nach Pöggstall zurückkehren werde. Es kam zu einem erregten Wortwechsel, in dessen Verlauf Richter dem Mädchen zurief: „Geh' weg, sonst hau ich dich nieder!" Dann wollte er die Türe öffnen.

Nun zog Hermine einen Revolver hervor und schoß ihn gegen Richter ab. Eine Kugel drang dem Chauffeur beim linken Ohrläppchen in den Kopf. Richter stürzte zusammen, erhob sich aber sogleich wieder und konnte noch bis zum Arzt eilen. Dieser konstatierte eine geringfügige Verletzung.

Vor einiger Zeit hatte sie sich wegen Mordversuches vor einem Schöffensenat des Kreisgerichtes Krems zu verantworten. Sie war damals geständig, bestritt aber die Tötungsabsicht. Ihr Verteidiger Dr. Mühlwert, bezeichnete die Tat als im Traumzustand begangen. Während der Vernehmung des Geliebten brach aber das Mädchen mit einem Aufschrei zusammen. Der Gerichtsarzt konstatierte einen histero-epileptischen Anfall. Die Verhandlung wurde unterbrochen und schließlich vertagt. Die Angeklagte wurde auf freien Fuß gesetzt.

Gestern wurde die Verhandlung fortgesetzt. Aus der Vernehmung des Mädchens ging auch hervor, daß Richter mit den Eltern Herminens gemeinsam ein Gasthaus habe. Das Geschäft ging schlecht. Die Angeklagte behauptete auch, daß Richter ihr vor ihren Eltern ein feierliches Heiratsversprechen gegeben habe. An den Schuß könne sie sich nicht erinnern. Sie sei damals furchtbar aufgeregt gewesen. Die Angeklagte, die auf den Gerichtshof einen sehr guten Eindruck machte, weinte bei ihrem Verhör heftig. Sie wurde wegen schwerer Körperverletzung bedingt zu vier Monaten strengen Arrests verurteilt.

Das Kleine Blatt, 19. Juli 1928

Die Marktgemeinde Pöggstall liegt im Norden des Bezirkes Melk. Zentraler Punkt ist das Schloss mit dem Rondell. Hier befindet sich die einzige original erhaltene Folterkammer Österreichs aus dem Jahr 1593.

Drosendorf: Kasseneinbrecher als Mörder

Wie seinerzeit berichtet, wurde in der Nacht zum 23. Juli im Rathaus Drosendorf die eiserne Kasse des Spar- und Vorschußvereines in Drosendorf zu erbrechen versucht. Der Gemeindewächter Johann Häusel hatte aber die Schränker überrascht und war von einem von ihnen erschossen worden. Die Nachforschungen nach den Tätern, die geflüchtet waren, waren lange Zeit erfolglos geblieben. Nun haben dieser Tage die Kriminalbeamten Frühmann und Wieser erfahren, daß an diesem mit Mord verbundenen Einbruch der Schlossergehilfe Eduard Sautner und der Schlossergehilfe Karl Bauer beteiligt waren. Beide sind schon vor einiger Zeit wegen des Kasseneinbruchs in der Meisterkasse der Schneidermeister dem Landesgericht eingeliefert worden. Die beiden Kriminalbeamten suchten Bauer in der landesgerichtlichen Haft auf und er legte das Geständnis ab, daß wirklich er, Sautner und ein dritter Bursche mit dem Spitznamen „Der Blinde“ den Einbruch in Drosendorf versucht und daß Sautner den tödlichen Schuß abgegeben hat. Sautner gab die Tat zu und machte über den dritten Helfer Angaben, die dessen Verhaftung ermöglichten. Es ist der Schlossergehilfe Franz May, Huglgasse wohnhaft. May leugnet aber, an der Tat beteiligt gewesen zu sein.

Arbeiter-Zeitung, 20. November 1920

Das Drosendorfer Rathaus wurde „1542 vom Rat erworben“. Die Sgraffiti aus den 1930er Jahren zeigen links Stefan von Maissau, den Verteidiger Drosendorfs gegen Ottokar II. im Jahr 1278, sowie rechts Oswald von Eyczing, Mäzen bei der Errichtung der Martinskirche im 15. Jahrhundert.

Göpfritz a. d. Wild: Eine diebische Köchin

Die bereits zweimal wegen Diebstahles zuletzt beim Landesgerichte in Wien mit sechs Monaten schweren Kerkers vorbestrafte Dienstmagd Barbara Zwettler ans Erdweis, Bezirk Gmünd, war im Monate März v. J. beim Bürgermeister und Fleischhauer Dominik Höchtl in Göpfritz a. d. Wild als Köchin und Stubenmädchen in den Dienst getreten. Die Zwettler beobachtete, daß ihr Dienstgeber das Geld in seinem Schreibtisch aufzubewahren pflegte; sie kam auch bald dahinter, daß der Kredenzschlüssel zum Schreibtisch genau paßt. In wiederholten Angriffen stahl sie etwa 500 Kronen. Dem Bürgermeister Höchtl war es zwar ausgefallen, daß ihm aus der versperrten Schreibtischlade Gelder abhanden gekommen, aber einen Verdacht auf die ihm so vertrauenswürdig erscheinende Zwettler hatte er nicht. Einige Tage vor dem 1. Jänner, bevor die Zwettler ihren Dienstplatz bei Höchtl verließ, schickte sie das bei Höchtl bedienstete Stubenmädchen Anna Emminger zum Bäckermeister Wanzenböck, eine 100 Kronennote wechseln. Als die Zwettler sich bereits zu Hause bei ihrer Mutter befand, kam zufälligerweise zwischen der Wanzenböck und Bürgermeister Höchtl das Gespräch auf die 100 Kronennote. Die Gendarmerie leitete Erhebungen ein, die zu Tage förderten, daß die Zwettler während ihrer Dienstzeit um 421 Kronen Einkäufe für ihre Person besorgt hatte. Schließlich gestand sie dem Gendarmen ein, ihrem Dienstgeber 180 Kronen gestohlen zu haben. Dem Gerichtshof gegenüber verantwortete sie sich ganz dreist mit der Erklärung, daß Gelegenheit Diebe mache. Der Gerichtshof verurteilte Barbara Zwettler wegen Verbrechens des Diebstahles zu zehn Monaten schweren Kerker monatlich mit einem Fasttag.

Eggenburger Zeitung, 6. März 1914

Die Marktgemeinde Göpfritz an der Wild liegt rund 20 Kilometer nordöstlich von Zwettl an der überregional bedeutenden Waldviertler Straße, der einstigen Prager Reichsstraße, wo man früher Maut einhob.

Meuchelmord in Neupölla

Vorgestern hatte sich beim Kreisgericht zu Krems Johann Knierling gegen die Anklage des Meuchelmordes zu verantworten.

Johann Knierling, 33 Jahre alt, Bauer und Hausbesitzer zu Tautendorf, stand im Dienste bei der verwitweten Bäurin Heinzel und heiratete dieselbe im Jahre 1868. Selbe war eine Tochter der Anna Maria Lang, Ausnehmerin zu Neupölla. Die Schwiegermutter bekam von Johann Knierling für die Ausnahme, welche sie hatte, bezahlt und mit derselben nicht zufrieden, war sie im fortwährenden Streite mit ihrem Schwiegersohne. Zwischen beiden Parteien wurden fortwährende Prozesse geführt und das ohnehin nicht große Vermögen des Johann Knierling gänzlich aufgerieben.

Johann Knierling sah ein, daß er durch die fortwährenden Prozesse sammt seinen sieben Kindern auf den Bettelstab kommen müsse. Er beschloß deshalb, sie aus dem Wege zu räumen und ermordete sie in der Nacht des 8. Februar dieses Jahres. Er ging am Abende desselben Tages, als es schon dunkel war, von Tautendorf nach Neupölla, wo die Schwiegermutter wohnte, lud auf dem Wege die vom Hause mitgenommene Pistole mit Pulver und Schrott und stellte sich vor dem zugefrornen Fenster der Anna Maria Lang, welche mit ihrem Sohne beim Abendessen war. Die Schwiegermutter, durch ein Geräusch aufmerksam gemacht, ging zum Fenster hin mit den Worten: Was gibt es. Es fiel ein Schuß und Maria Lang stürzte mit dem Rufe: Jesus! zu Boden und verschied in Folge Zertrümmerung des Gehirns im selben Augenblicke.

Der Verdacht fiel alsobald auf Johann Knierling. Derselbe legte in der Voruntersuchung ein umfassendes Geständnis ab, während er bei der Schlußverhandlung zwar zugab, geschossen zu haben, aber nicht daß er die Absicht hatte, seine Schwiegermutter zu erschießen. Es habe ihn nur die Noth dazu getrieben und die fortwährenden Prozesse, und zuletzt, als er am 31. Jänner wieder eine Zustellung bekam, wegen Zahlungsleistung der Ausnahme, wußte er sich nicht zu helfen und wollte seine Schwiegermutter durch einen abgefeuerten Schuß schrecken. Er wird von allen Zeugen als ein guter und arbeitsamer Mensch geschildert: sein Vorleben ist ein belobtes. Seine Gattin, welche auch als Zeuge erschienen war, schilderte ihre Mutter als ein böses Weib, welches schon ihren ersten Mann dahinbrachte, sich das Leben nehmen zu wollen.

Der Gerichtshof sprach den Angeklagten des Meuchelmordes schuldig, und verurtheilte ihn zum Tode durch den Strang.

Morgen-Post, 2. April 1870

Neupölla, heute Teil der Gemeinde Pölla, liegt am östlichen Rand des Truppenübungsplatzes Allentsteig an der Kreuzung der von Norden nach Süden verlaufenden Gföhler Straße mit der Böhmerwaldstraße, die von Horn durch das Waldviertel in das oberösterreichische Mühlviertel führt.

Königsalm: Zu Tode getreten

Aus Gars im Kampthale meldet man dem „N. W. Tagbl." vom 26. d. Mts.: Größtes Aufsehen und begreifliche Erregung verursacht ein wahrhaft bestialisches Verbrechen, dessen Opfer ein braver, tüchtiger Forstbeamter geworden ist. Der früher in fürstlich Croy'schen Diensten in Buchberg gestandene 26jährige Forstadjunct Ludwig Reisner war kürzlich in die Dienste der Gutsherrschaft Gföhl nächst Gars getreten. Er war mit der Ueberwachung des ausgedehnten, dichten Gföhlerwaldes betraut, ein gefährliches Amt, da in den dichten Forsten zahlreiche Wildschützen und Holzdiebe ihr Handwerk treiben. Diese Woche fand man ihn in der Nähe der Königsalm in wahrhaft entsetzlichem Zustande noch röchelnd auf. Wildschützen oder Holzdiebe müssen ihn in den Hinterhalt gelockt und ihn dann meuchlings aus gedeckter Stellung überfallen haben. Hierauf muss er zu Boden geworfen worden sein und die Entmenschten traten so lange auf dem Körper Reisner's herum, bis sie ihn für todt hielten, worauf sie ihr Opfer liegen ließen. In sterbendem Zustande, buchstäblich zu Tode getreten, wurde Reisner nach seiner Dienstwohnung gebracht, wo er trotz aller aufgewendeten Hilfe bald unter den fürchterlichsten Schmerzen seinen Geist aufgab.

Innsbrucker Nachrichten,
28. Juli 1897

Anfang des 20. Jahrhunderts plante man im südlichen Waldviertel eine Lokalbahn von Krems über Senftenberg und Königsalm nach Gföhl; doch dieses Projekt wurde nie realisiert.

Sommerfrischler und Ausflügler

Als im ausgehenden 19. Jahrhundert immer mehr Wiener vor der Hitze der Stadt flohen und ihren sommerlichen Hauptwohnsitz an die kühlen Gestade des Kamps oder der Thaya verlegten, suchten sie nur eines: Sommerfrische. So entstanden in Gars großartige Villen und komfortable Hotels. Ein lokaler Meilenstein war 1914 die Eröffnung des „fein bürgerlichen" Hotels Kamptalhof, der seine Pforten für „Rucksackwanderer oder vornehme Autobesitzer" in gleicher Weise öffnete.

Im Thayatal wurde 1879 die Burg in Hardegg, einem der „reitzendsten Orte", durch dessen Besitzer Fürst Khevenhüller-Metsch renoviert, um sie wieder nutzen zu können.

Wenige Jahre später schwärmte ein Journalist von Raabs an der Thaya, das „eine prachtvolle Promenade mit allen Bequemlichkeiten" besaß.

Doch auch andernorts entstanden im Viertel ober dem Manhartsberg empfehlenswerte Refugien. Hoch über der Donau am Jauerling legte bereits in der Biedermeierzeit der Pfarrer von Maria Laach ein „Gedenkbuch für Natur- und Alterthumsfreunde des Jauerlings" an. In Nöchling, nahe der Grenze zu Oberösterreich, warb man 1887 mit „reiner Luft". Burg Hartenstein im Kremstal avancierte 1904 zu einer Wasserheilanstalt. In der Stadt Krems wollten 1915 einige Leute nicht, dass sich rekonvaleszente Soldaten auf die Bänke in den Parkanlagen beim Musikpavillon setzten; man hatte Angst vor Keimen.

Dass eine intakte Natur das A und O des Tourismus war, erkannte man beim Bau der Bahn in der Wachau. Deshalb wurden die pittoresken Felsengebilde der Teufelsmauer nicht gesprengt, sondern bloß mit einem Tunnel durchbohrt.

Gars am Kamp: das neuerbaute Hotel Kamptalhof

Durch das neuerbaute, soeben eröffnete Hotel Kamptalhof ist im Unterkunftswesen von Gars ein sehr bedeutender Wendepunkt eingetreten. Haben vordem die dortigen Gasthöfe bloß bescheidenen Ansprüchen genügt, so vermag jetzt der Kamptalhof selbst hochgespannten Anforderungen gerecht werden. Herr Rudolf Neumann als Eigentümer und Leiter dieses Hauses bezeichnet dasselbe sehr passend mit „fein bürgerlich" und er ist auch der richtige Mann, der es bei zivilen Preisen stets auf der Höhe halten und sich allen Wünschen des Publikums anpassen kann. Am Hauptplatz von Gars gelegen, repräsentiert das Hotel in seiner anmutigen Fassadengliederung einen Hauptschmuck des gesamten Ortsbildes. Die Innenausstattung und Einrichtung hält mit den eleganten und behaglich wirkenden Außenformen gleichen Schritt und wenn wir noch darauf hinweisen, daß sogar Appartements mit Bädern vorhanden sind, so mag dies die Behauptung, daß der Kamptalhof ein ganz modernes Haus ist, entsprechend bestätigen. Herr Neumann, der seine Tüchtigkeit vordem schon in dem von ihm geleiteten Etablissement in Rosenburg am Kamp erwies, wird zweifellos im neuen Hotel ein aufmerksamer Wirt sein, und so mögen alle Freunde des herrlichen Kamptales, seien sie einfache Rucksackwanderer oder vornehme Autobesitzer, ihre Schritte oder ihre Wagen ruhig dem Hotel Kamptalhof zulenken, sie werden stets auf das beste und preiswert unterkommen.

Fremden-Blatt, 31. Mai 1914

Das Hotel Kamptalhof in Gars wurde 1914 eröffnet. Damit bekamen die Sommerfrischegäste, die mit der 1889 eröffneten Kamptalbahn anreisten, eine noble Bleibe. Im Juni 1986 eröffnete Willi Dungl hier sein „Bio-Trainingshotel".

Die Pläne zur Renovierung der Burg Hardegg

Aus verläßlicher Quelle erhalten wir die Nachricht, daß der Eigenthümer der Burg Hardegg, Fürst Khevenhüller-Metsch, mit der ernstlichen Absicht umgeht, einzelne Theile der Ruine wieder in benützbaren Stand zu setzen. So wurde bereits im Herbste des verflossenen Jahres mit der Räumung der verschütteten großen Cisterne begonnen, und soll heuer die Restaurirung des Wartthurmes, dessen Stiegenausgang in der Mauerstärke zu den Sehenswürdigkeiten gehört, so wie ein Theil des Saalbaues im westlichen Ende der Burg in Angriff genommen werden. Auch wird der alte Karner am Friedhofe, ein Bauwerk scheinbar älter als die Burg, einer Renovirung unterzogen. Wir sind begierig in wie weit sich diese uns zugekommenen Nachrichten bewahrheiten und wollen uns der angenehmen Hoffnung hingeben, daß einer der reitzendsten Orte unseres Thajathales, welcher gerade jetzt mit Vorliebe als Sommerfrische gesucht wird, seinen vielvermögenden Protektor gefunden hat. Bei dieser Gelegenheit wollen wir erwähnen daß im Verlage des Vereines für Landeskunde in Niederösterreich eine Brochüre über die Burg und Stadt Hardegg von Kopal erschienen ist, welche eine Abbildung des Schlosses aus dem Jahre 1641 enthält.

Znaimer Wochenblatt, 15. März 1879

Die erste Nennung Hardeggs ist mit zirka 1140/50 datiert. Die Burg war zunächst im Besitz der Grafen von Plain und Hardegg und kam Mitte des 17. Jahrhunderts an die Fürsten Khevenhüller-Metsch. Der Wiederaufbau der Burg begann parallel mit der Entdeckung des Thayatals durch die Sommerfrischegäste.

Markt Raabs: Bestens zu empfehlen

Einer unserer Korrespondenten schreibt: „Bei einer soeben stattgehabten Reise im Waldviertel kam ich in den eine Stunde von der Kaiser Franz Joseph-Bahn-Station Wappoltenreith-Raabs, im Zusammenfluße der deutschen und mährischen Thaya, romantisch schön gelegenen Markt Raabs. Die Lage und Umgebung des Marktes Raabs mit einem uralten Schlosse nebst einem Parke ist überraschend schön. Nicht allein von der Natur aus, sondern auch der dortige Verschönerungs-Verein hat eine prachtvolle Promenade mit allen Bequemlichkeiten auf den schattigen Höhen mit den schönsten Aussichten und zum Theile an dem Ufer der Thaya über eine Stunde Weges, für die Besucher und Freunde der Naturschönheit hergestellt; daselbst besteht ein Badehaus zur Benutzung der Naturbäder in der Thaya. In Raabs ist das Gasthaus des Herrn Ferdinand Eder – mit allen Bequemlichkeiten und guter Küche versehen – zu rekommandiren, auch sind daselbst Fahrgelegenheiten zu bekommen. Ich kann jedem Touristen oder Naturfreunde, insbesondere den Wienern, die eine Sommerfrische benützen wollen, den Besuch des Marktes Raabs auf das Beste empfehlen, da alljährlich dort Sommerparteien verweilen und sich von Jahr zu Jahr vermehren."

Neuigkeits-Welt-Blatt, 13. Juni 1885

Die Burg Raabs steht auf einem Felsrücken gegenüber der Mündung der Mährischen Thaya in die Deutsche Thaya. Das Wort „Racouz“ aus dem 12. Jahrhundert findet sich heute im tschechischen „Rakousko“ als Bezeichnung für Österreich („das Land hinter Raabs“) wieder.

Nöchling: Ein herrliches Fleckchen Erde

Aus Nöchling wird uns geschrieben: Seit einigen Jahren kommt das herrliche Stromgebiet der Donau von Grein in Ober-Oesterreich bis hinab zu den Schwesterstädten Krems und Stein rücksichtlich seiner Naturschönheiten und prächtigen Aussichtspunkte durch die Bemühungen der Touristen-Klubs von Krems, Mölk und Pöggstall wieder zu seiner alten Berühmtheit; namentlich werden die Aussichtspunkte zwischen Krems und Maria-Taferl fleißig besucht. Das Ysper-Gebiet, besonders das von der Kleinen Ysper im Norden, dem Sarningbache im Westen und der Donau im Süden begrenzte Nöchling scheint ganz unbekannt oder doch vergessen zu sein. Und doch bietet dieser 450 Meter über Meereshöhe liegende kleine Markt Nöchling eine Fernsicht, weit herrlicher und großartiger, als selbst der Jauerling oder sonst ein Höhenpunkt am linken Donau-Ufer von Krems hinauf bis an die Grenze von Ober-Oesterreich. In der Richtung von Südost nach Südwest zeigen sich dem Auge des staunenden Beschauers: die ganze Gebirgskette vom Schneeberg bis hinauf zu dem Prielen, die Rottenmanner Tauern, die Salzburgerberge, der hohe Göll, der Watzmann und Untersberg, das Sonntagshorn und der Staufen. Ebenso lohnend ist der Ausblick in's obere Donauthal nach Sarmingstein, Sankt Nikola und Struden, dem hochgelegenen Windhag und St. Thomas im Mühlviertel. – Und dieser von der Natur so begünstigte Markt Nöchling scheint den Touristen und Sommerparteien gänzlich unbekannt zu sein. Nöchling mit seiner herrlichen Lage, gesunden, reinen Luft, gutem Wasser, seinen nahen Wäldern und angenehmen Spaziergängen wäre wohl eine angezeigte Sommerfrische für die Stadtbewohner, die gar oft die abgelegensten Gebirgsdörfer aufsuchen, um Erholung zu finden vom geräuschvollen Stadtleben und Stärkung ihrer Gesundheit. Von der Dampfschiff-Station Persenbeug ist Nöchling in zwei Stunden erreicht, ebenso auch von St. Nikola in Ober-Oesterreich. Ist der Markt Nöchling auch klein, so sind doch drei größere Gasthäuser hier, wo für bequeme Unterkunft gesorgt ist; auch ist tägliche Postverbindung mit Persenbeug. Ein Besucher Nöchlings, der während der Schulferien schon fast alle wichtigeren Städte der österreichischen Gebirgsländer bereist und gar manchen hohen Berg der Aussicht wegen bestiegen, hat sich 1886 geäußert: „Eine so großartige Aussicht in's Gebirge habe er noch nirgends angetroffen, als wie in Nöchling." Parteien, welche sich entschließen wollen, ihre Erholung in Nöchling zu suchen, wollen sich gefälligst an das Pfarramt in Nöchling, Post: Persenbeug wenden, wo gerne Auskunft ertheilt wird.

Neuigkeits-Welt-Blatt, 28. Mai 1887

Auch der Strudengau, namentlich Orte wie Nöchling nahe der Grenze zu Oberösterreich, wurde schon in früherer Zeit von Sommerfrischegästen gerne besucht.

Maria-Laach: Das Jauerling-Gedenkbuch

Was für vornehme Gäste in der Zeit, da es noch kein „billiges Reisen“ in die Ferne gab, Maria-Laach am Jauerling besuchten, um sich in dem Gotteshause anfzuerbauen oder die landschaftlichen Wunder in der Umgebung des Ortes zu geniessen, davon gibt das im dortigen Pfarrhofe verwahrte „Gedenkbuch für Natur- und Alterthumsfreunde des Jauerlings“ beredtes Zeugniss, das im Jahre 1837 von dem damaligen Cooperator Josef Mugerauer gestiftet wurde. Als einer der Ersten, die sich in demselben durch ihre Namensunterschrift verewigten, erscheint der Bischof Michael Johann Wagner von St. Pölten unter dem Datum des 21. Juni 1838. Vier Jahre später, am 24. August 1842, trugen sich die Erzherzoge Franz Josef, Ferdinand Max und Karl Ludwig in das Buch ein, ebenso ihre Begleiter Graf Bombelles, Graf Coronini und Graf Timotheo Ledochowski. Zur Erinnerung an diesen Freudentag wurden auf dem nahen „Kogel“ drei Linden gepflanzt. Zwei davon grünen und blühen noch heute, aber die dritte ist seit Jahren verdorrt. Selbstverständlich erblickt das Volk darin eine symbolische Beziehung auf das tragische Schicksal, das den späteren Kaiser von Mexiko mehr als zwanzig Jahre nach seinem Jauerling-Besuche ereilt hat. Zu den Letzten, deren Namen das Gedenkbuch enthält, zählen der Bischof Math. Josef Binder von St. Pölten, der – selbst ein Lehrerssohn aus Maria-Laach – am 19. April 1874 den Ort besucht hat, und der bekannte Jauerlingforscher V. Staufer, der in das Buch schrieb: „25. Mai 1884 Eröffnung und Einweihung der Staufer-Hütte durch mich Gefertigten. V. Staufer, Bibliothekar des Stiftes Melk.“ Einen Hauptschmuck des Buches bilden zahlreiche Zeichnungen, deren beste vom Pfarrer Mugerauer herrühren.

Dillinger’s Reisezeitung, 20. Februar 1901

Die Kaiser Franz Josefs-Jubiläums-Warte am Jauerling wurde am 24. Juli 1889 eröffnet und stürzte in der Nacht von 9. auf den 10. Februar 1949 ein. Die Personen auf dieser Ansichtskarte wurden nachträglich hineinretuschiert.

Krems: Vom Verschönerungsvereine

Da der Name des Vereines Erwähnung fand in einem an den k. k. Statthaltereisekretär Kryza-Gersch gerichteten Schreiben des Inhalts, daß die Bänke in den Parkanlagen in Krems bei dem Musikpavillon und beim Springbrunnen für das Publikum freigehalten werden sollen, nachdem dieselben häufig von den Soldaten-Rekonvaleszenten besetzt werden und das Publikum, welches den Verschönerungsverein zahlt, Gefahr lauft, Krankheitskeime mit nach Hause zu schleppen: So erachtet es die Leitung des Verschönerungsvereines als ihre Pflicht, im Namen seiner Mitglieder ihre Entrüstung und ihren Abscheu auszusprechen über unqualifizierte Gemütsroheit die in diesem Schreiben zutage tritt. Indem unseren Soldaten gerade die sonnigen Plätzchen in unseren Parkanlagen vorenthalten werden sollen, während dieselben Leben und Gesundheit in die Schanze schlugen für uns und sich in den Schützengräben bei 20 bis 25 Grad Kälte Hände und Füße abgefroren haben in den Nächten, in denen wir Daheimgebliebenen unter die warmen Decken kriechen konnten. Daß der Verein übrigens ganz unverschuldet nicht nur von dem obigen Briefschreiber in diese Affäre hineingezogen wurde, sondern daß es gleichzeitig auch andere gibt, die diesen Anlaß benutzen, um die Annahme der ihnen zu gesandten Mitgliedskarten zurückweisen, sei nur nebenher bemerkt und kann sich ein verehrtes Publikum beiläufig eine Vorstellung darüber machen, welches Maß von Ortspatriotismus für die Vereinsleitung dazu gehört, wenn sie nicht in ihrem Streben für das allgemeine Wohl unserer lieben Vaterstadt weiter zu arbeiten, ermüden soll.

Österreichische Land-Zeitung, 22. April 1915

Der Kremser Musikpavillon wurde anlässlich des 50-jährigen Regierungsjubiläums Kaiser Franz Josephs 1898 von der Sparkasse Krems gestiftet und von Baumeister Josef Utz jun. um 8000 Gulden errichtet.

Die Wasserheilanstalt „Burg Hartenstein“

Wie alles naheliegende Gute verhältnismäßig noch wenig bekannt, von seiner Besuchergemeinde jedoch mit Pietät verehrt, erhebt sich inmitten der herrlichen Waldlandschaft der Wachau, unweit der Donaustadt Krems, die malerische Burg Hartenstein – einst ein stolzer Rittersitz, heute eine dem Wohle der leidenden Menschheit gewidmete Stätte. An diesem von der Natur so bevorzugten Orte hat der bekannte, ausgezeichnete Hydropath kais. Rat Dr. Otto Pospischil, ein Schüler des Hofrates Winternitz, eine mit allen Errungenschaften der medizinischen Wissenschaft ausgestattete Wasserheilanstalt errichtet. Die tadellose Güte der direkt dem Granitgebirge entströmenden Anstaltsquellen, die staubfreie, würzige und milde Gebirgsluft, die ausgedehnten und wohlgepflegten Promenadewege durch duftende Fichten- und Tannenwaldungen, welche die Anstalt von allen Seiten umgeben, namentlich aber die vom sanitären Standpunkte ideal zu nennende, windgeschützte Lage der Anstalt – alle diese Umstände lassen die Burg Hartenstein als besonders zu Heilzwecken geeignet erscheinen. Die Badelokalitäten sind in Bezug auf ihre technische Anlage und ihre modernste Ausstattung mustergültig und für alle Behandlungsarten geeignet. Ein wesentlicher Vorzug der Hartensteiner Kur ist die streng individualisierende Hydrotherapie mit grundsätzlicher Vermeidung der schablonenhaften Anwendung extremer Temperaturen.

Neues Wiener Tagblatt (Tages-Ausgabe), 8. März 1904

Burg Hartenstein war unter anderem (bis 1927) im Besitz der Grafen Gudenus. Die Kaltwasserheilanstalt geht auf die Initiative des Mediziners Otto Pospischil zurück, der 1892 bis 1896 die Vorburg im historisierenden Burgenstil umbaute.

Die Teufelsmauer in der Wachau

Der bevorstehenden Verwirklichung des Projektes der Lokalbahn Krems-Grein soll eines der interessantesten Naturschaustücke der Wachau, die ob ihrer eigenartigen Felsformen vielbewunderte Teufelsmauer bei Spitz, zum Opfer fallen. Die Bauunternehmung hat nämlich die Absicht, für die Bahntrasse den größten Teil der Steinbastionen abzuräumen, wodurch diese Sehenswürdigkeit ihren ganzen landschaftlichen Reiz verlieren würde. Gegen diese Beeinträchtigung der Naturschönheiten der Wachau haben nun die Stadt Wien als Eigentümer des betreffenden Grundstückes, die Gemeinde Spitz und der Landesverband für Fremdenverkehr in Niederösterreich entschieden Stellung genommen. In Eingaben der beiden letztgenannten Körperschaften an das Eisenbahnministerium wird der Vorschlag gemacht, statt des geplanten Einschnittes einen Tunnel durch die Teufelsmauer zu führen, der bei einer Länge von 16 Metern das Bild der pittoresken Klippenwand nicht nur nicht beeinträchtigen, sondern diesem sogar einen erhöhten Reiz verleihen würde. Die Mehrkosten würden sich auf etwa K* 20.000 belaufen.

Der Fremdenverkehr, 20. September 1908

Die Teufelsmauer ist geologisch betrachtet ein Ganggestein, das als Härtlingsrippe in den Gesteinen der „Bunten Serie“ herausgewittert ist. Seit 8. August 1929 ist sie samt dem 12,43 Meter langen Eisenbahntunnel ein Naturdenkmal.

* K = Kronen.

Granit und Glas … nicht nur das

Fast überall wurzelt das Waldviertel im massiven Granit. Feldspat, Quarz und Glimmer sind die Elemente der geologischen Dreifaltigkeit. Fast ungezählt sind die einstigen Granitbrüche; heute gibt es nur mehr eine Handvoll, sie liefern immer noch Pflastersteine bester Qualität. Oberflächlich zeigen sich die Gesteine des Viertels ober dem Manhartsberg weitaus vielfältiger. Bis zum heutigen Tag werden große Marmorblöcke gebrochen, auch Grafit baute man in der „Bunten Serie“ des Thayatales und bei Mühldorf ab. Einen namhaften Braunkohlentagbau gab es in Langau. Nach 1948 bauten die Bergleute hier Kohle ab, ehe die Gruben 1963 „heimgesagt“ wurden. Auch bedeutende Glasfabriken siedelten sich an, die Orte Alt- und Neunagelberg sind bis zum heutigen Tag eng mit der Firma Stölzle verbunden.

In den weiten Teichen verstand man es Fische zu züchten, der Waldviertler Karpfen wurde neben dem Mohn zum kulinarischen Wahrzeichen. Das Know-how der weltlichen wie auch der klerikalen Teichwirte wurde über Generationen tradiert.

Bei der industriellen Wertschöpfung stehen unzählige Betriebe der Textilbranche an erster Stelle. Das „Bandlkramerlandl“ erinnert an die heute längst verflossene Blütezeit. Dass es zwischen Firmensitzen in Wien und den Niederlassungen in den Gemeinden des Waldviertels immer wieder zu Dissonanzen kam, liegt auf der Hand.

Gleichsam einer Insel entstand 1874 in Karlstein eine Uhrmacherschule, übrigens die einzige im Lande. Und auch hier ticken die Uhren im Takt des 21. Jahrhunderts.

Langau: Ein Braunkohlenlager in Niederösterreich

Aus Langau, 15. d., wird uns geschrieben: Gelegentlich des Baues der Lokalbahn Retz-Drosendorf stieß man in einer Sandgrube im Gemeindegebiete Langau auf Anzeichen, welche das Vorhandensein von Kohle vermuten ließen. Bereits angestellte Untersuchungen ergaben nun, daß tatsächlich ein größeres Lager von Braunkohlen vorhanden ist. Die eingeleiteten Bohrungen wiesen bisher zwei Flötze aus, von denen das obere an manchen Stellen nur 4 bis 5 Meter unter dem Rasen liegt. Die Ausdehnung dürfte nach dem bisherigen Ergebnisse der Versuche eine ziemlich große sein. Ueber die Mächtigkeit läßt sich wohl noch kein bestimmtes Urteil abgeben, da die Bohrungen bis heute nur bis höchstens 10 Meter Tiefe durchgeführt worden sind. Die Kohle ist dunkel bis tiefschwarz und dürfte von guter Qualität sein. Das Freischurfrecht befindet sich in Händen eines hiesigen Besitzers, der die weitere Aufschließung des Gebietes betreibt.

Reichspost, 16. März 1911

Ab April 1948 wurde in Langau Braunkohle im Tagbau gewonnen, zunächst bauten 15 Mann nur mit Krampen und Schaufel 10 bis 20 Tonnen Kohle täglich ab. Am 31. Juli 1963 wurde hier der Abbau eingestellt.

Weißer Marmor im Waldviertel

Wie das Jännerheft der „Blätter für Naturkunde und Naturschutz" mitteilt, gibt es im Waldviertel weißen Marmor von feiner Beschaffenheit. Etwa sechs Kilometer westlich von Neu-Pölla, bei Heinreichs, bemerkte man einen Unterschied in der Beschotterung der Straße. Oestlich von Heinreichs färbt sich nämlich die Straße mehr in Weiß. Die Schotterhaufen am Straßenrand sind rein weiß. Vor Döllersheim und vor Groß-Poppen, auf der Höhe von Rausmanns, verschwinden die Marmorschotterhaufen wieder.

Der blanke Straßenschotter stammt aus einer Kalkader, die am Kamp im Bereich der Ruine Dobra, ansetzt, nordwestlich über Franzen zieht und nördlich von Heinreichs endet. Nördlich von Heinreichs heißt ein Berg „Kalkberg". Diese Kuppe ist aufgeschlossen und hier wird weißer Straßenschotter geschlagen. Der Marmorgang ist nicht breit, dürfte sich aber in der Tiefe erweitern, und die Beschaffenheit des Marmors scheint sich in der Tiefe zu verbessern. Der Marmorgang hat eine Länge von etwa acht Kilometer und stellenweise die Breite einer Landstraße. In Döllersheim, vor dem Hause neben der Post, sind zwei Türstufen aus weißem Marmor, die aus Kienberg bei Dobra stammen sollen.

Dieses Marmorvorkommen würde wohl die Aufmerksamkeit der in Betracht kommenden öffentlichen Faktoren verdienen.

Arbeiter-Zeitung, 15. Januar 1928

Die Ruine Dobra ist namensgebend für den „Dobra Gneis". Dieser gehört wiederum zur „Bunten Serie", einer Gesteinsabfolge, in der sich neben Marmoren auch Grafiteinschaltungen finden, letztere wurden im Thayatal abgebaut.

Hoch droben im Waldviertel: Waldviertler Glas

Ein junger arbeitsloser Glasarbeiter schickt uns folgende Schilderung aus dem Waldviertel:

Hoch droben im Waldviertel, wo sich die Franz-Josefs-Bahn der tschechischen Grenze nähert, inmitten von ausgedehnten Wäldern und lieblichen Teichen, liegen die Glasfabriken der Firma Stölzle, Neu-Nagelberg, Alt-Nagelberg und Eugenia. Geht man auf der verschneiten Landstrasse von dem Markt Schrems etwa 20 Minuten nach Westen, so gelangt man an Arbeiterhäuschen vorüber zur Glasfabrik Eugenia. Noch vor einigen Monaten herrschte reges Leben und Treiben. Wo sich tausend fleißige Hände regten, ist es jetzt öd und leer. Nur einige Spatzen fliegen auf dem Hüttenhof herum. Die Fabrik selbst ist stillgelegt, die Arbeiter entlassen. Eugenia gleicht jetzt einem verlassenen Dorf. Einige Arbeiter wurden in Alt- und Neu-Nagelberg untergebracht, dort müssen sie aber um 10 Prozent billiger arbeiten. Der größte Teil der Belegschaft ist arbeitslos. Die Firma hatte noch die letzten Jahre das elektrische Licht eingeleitet und eine Wasserleitung gebaut, und jetzt braucht niemand mehr diese nützlichen Einrichtungen. Sogar die Werkwohnungen wurden verkauft und von einem Weiterarbeiten in dieser Fabrik ist keine Rede. In den großen Hallen der Fabrik ist alles leer. Die Maschinen wurden abmontiert und verkauft. Weiter geht es durch den trostlosen Ort und dann durch ausgedehnte Wälder mit wohlgepflegten Wegen und schönen Alleen zur Glasfabrik Alt-Nagelberg. Auch diese Fabrik ist von der Absatzkrise schwer heimgesucht worden. Ein Ofen steht bereits still, und es besteht kein Zweifel, daß in wenigen Monaten auch diese Fabrik öde und verlassen dasteht. Noch rauchen die Schornsteine und drinnen in der Hütte wird fleißig gearbeitet, und in der Miniaturstation der schmalspurigen Lokalbahn steht schon ein Waggon, der die vielen Kisten und Pakete, die täglich hier verladen werden, aufnimmt und nach Gmünd bringt. Von dort bringt sie dann die Bahn nach allen Ländern und Weltteilen; denn Waldviertler Glas ist in aller Welt bekannt. Otto Redl, Kollersdorf.

Das Kleine Blatt, 17. Januar 1931

Die großen Holzvorkommen waren Grundlage für die Ansiedlung der Glasindustrie im oberen Waldviertel. In Alt-Nagelberg ist die Glasproduktion seit 1725 verbrieft. 1852 kaufte Carl Stölzle die Glashütten in der heutigen Gemeinde Brand-Nagelberg.

Die „Findlinge“ von Amaliendorf

Das „Welt-Blatt“ hat seinerzeit auf die interessanten Steinbildungen und -Gruppen hingewiesen, welche den Wald zwischen Gmünd, Eibenstein, Ludwigsthal und Neu-Nagelberg, ferner zwischen Schrems und Amaliendorf zieren und die mit zu den Spezialitäten des oberen Waldviertels gehören. Wir erinnern unsere freundlichen Leser nur an die sogenannte „Pumperskirchen“ bei der Glasfabrik Neu-Nagelberg und an den wackeligen Stein bei der Glasfabrik Eugenia, der trotz seiner imposanten Größe von jedem halberwachsenen Menschen mit Leichtigkeit bewegt werden kann, ferners an den eigenthümlich geformten „Kas-im-Lab“, an den mitten im Moor befindlichen „Wasserstein“, an das „Jägerbrünnl“ und an die anderen zahlreichen, jetzt vielfach schon für Industrie-Zwecke verwendeten Granitblöcke jener Gegend, die bei der Verwitterung des Bodens wegen ihrer festen Konsistenz zurückgeblieben sind und im Volksmunde „Findlinge von Amaliendorf“ genannt werden, obwohl sie nach der Ansicht Vieler keineswegs zu den erratischen Blöcken gehören.

Still und ruhig lagen diese Reste der Urformation seit Jahrhunderten in unseren Wäldern und traten nur an's Tageslicht, wenn abgeforstet wurde. Dann säete oder setzte man wieder Fichten und Tannen herum, denn an die Steinriesen wagte sich keine Menschenhand heran; sie galten für unbezwingbar.

Da kam eines Tages ein kleiner Mann zum Schremser Forstmeister und sagte: „Herr, ich kaufe Ihnen die Steine im Walde ab, was verlangen Sie dafür?“ Der wackere Herr Gehring glaubte einen Verrückten vor sich zu haben und ging scheinbar auf dessen Ideen ein. Bald überzeugte er sich aber, daß er es mit einem unternehmungstüchtigen Steinmetzgehilfen zu thun habe, der sich selbstständig machen und sein Glück mit den Findlingen von Amaliendorf probiren wollte. Bald wurden sie einig und im Frühjahre wiederhallte bereits der sonst so stille Forst von den Hammerschlägen der Steinmetzarbeiter, die Meister Widy aus Böhmen, Niederösterreich und Italien kommen ließ.

Vorher hatte er bereits einen Syenitbruch bei Gebharts und eine Steinschleiferei in Hoheneich errichtet, aus welcher sehr geschmackvolle und schön gearbeitete Grabmonumente, Sockel, Säulen ec. hervorgingen. Mitten im Walde wurde ein Barackenlager mit Wohnräumen, Bureaux und einer Feldschmiede errichtet, eigene Wege wurden zu den Arbeitsplätzen gebahnt und nun ging's mit Zwängen, Zwickeln und Meißeln den Granitriesen an den Leib, die unter der kundigen Hantirung der geschickten Arbeiter von oben nach unten und mitten „durchgeritzt“ (gespalten) wurden, als ob es Holzklötze wären. Dann machte sich jeder an ein Stück und meißelte daraus das vorschriftsmäßige Objekt. Diese Partie fertigte Pfeilerquader und Stufen zum Wiener Sammelkanal an, jene Baulossteine für die Wiener Stadtbahn, andere arbeiteten Auf- oder Untersatzsteine für die Tabakfabrik in Ottakring aus, wieder andere Profilarbeiten für Brücken- und Monumentalbauten und die Gebhartser Partie endlich schlugen Syenit-Würfel für die Stadtpflasterung nach Zwettl. […]

Den zahlreichen Naturbummlern und Freunden des Waldviertels, welche sich gewiß der Eingangs erwähnten charakteristischen Steingerippen vom „Grafenhäusl“ bis zum „Wasserstein“ mit Freuden erinnern, braucht aber deshalb um ihre Lieblinge nicht bange zu sein, denn diese originellen „Findlinge von Amaliendorf“ haben in der poesiefreundlichen Gräfin Sophie Thurn eine schützende Mutter gefunden.

Neuigkeits-Welt-Blatt,
21. Oktober 1893

Wurden große Granitrestlinge im Waldviertel am Beginn des 20. Jahrhunderts noch von Steinmetzen abgebaut, setzte das Niederösterreichische Naturschutzgesetz der 1920er Jahre dem Raubbau an den Wackelsteinen ein Ende.

Karlstein: Die Fachschule für Uhren-Industrie

Nach einem mühevollen Jahre [...] unter der neuen Leitung sind einzelne Schüler bereits so weit, daß eine Schuluhr in der letzten Regional-Ausstellung zu Allentsteig die silberne Verdienstmedaille erhielt, was gewiß von tüchtiger Arbeit zeugt. Die Schule bekommt jetzt Anfragen um Aufnahme von allen Seiten, aber nur äußerst selten von den umliegenden Bezirken oder Niederösterreich, und doch gerade deßhalb wurde diese bis jetzt einzige Fachschule für Uhren-Industrie gegründet. Am 15. October 1879 zählte die Schule vier Schüler, einen Werkführer, jetzt zählt sie bereits siebzehn Schüler und Arbeiter, zwei Werkführer (einen Mechaniker und einen Uhrmacher) und einen Schuldiener; für tüchtige Ausbildung ist also hinreichend gesorgt. Alle nothwendigen Maschinen, Bestandtheile und Werkzeuge werden von den Schülern selbst angefertigt unter Aufsicht des betreffenden Werkführers, den theoretischen Unterricht, Zeichnen, Rechnen ec. führt der Director der Anstalt, den Fortbildungs-Unterricht gibt zweimal wöchentlich der dortige Oberlehrer. Die Schule strebt danach, gebildete, tüchtige Werkführer und Fachlehrer, an denen leider ein so übergroßer Mangel ist, auszubilden, mit einem Worte, das im Sinken begriffene Uhrmachergewerbe durch leistungsfähige junge Leute zu heben und ihnen auch damit eine einträgliche und sichere Stellung zu ermöglichen. Der Lehrcurs dauert drei Jahre und darf kein Schüler früher austreten oder er verliert den Anspruch auf ein Zeugniß. Der Schulbesuch ist unentgeltlich und ist es dem Schüler nach einem Jahre, bei großem Fleiße natürlich, möglich, bereits kleinere Beträge selbst zu verdienen. Für Unterkunft ist gesorgt. Ein Schüler bezahlt monatlich 18 fl.* für Wohnung, Kost, Wäsche, Licht, Heizung ec. Wer sich für die Anstalt näher interessirt, erlangt bereitwilligst Auskunft und sind die betreffenden Anfragen an die Direction der Uhren-Industrieschule von Karlstein, Niederösterreich, zu richten.

Die Presse, 23. September 1880

---

* fl. = Gulden.

In Karlstein werden an Österreichs einziger Fachschule für Uhrmacher seit 1873 Uhrmacher ausgebildet, heute reicht das Ausbildungsspektrum von der Pendeluhr bis zu elektronischen Messgeräten.

Eine Teichaktion im Waldviertel

Wiederholt schon wurde seitens der Vertreter der österreichischen Fischzüchter auf die Gefahr hingewiesen, die der deutschösterreichischen Teichwirtschaft durch den Mangel an Besatzkarpfen, hervorgerufen durch das Fehlen böhmischer Ware, zu erwachsen droht. Die mittlerweile eingetretenen Verhältnisse bestätigen vollauf die Befürchtung, daß wir in Bälde mit einem höchst empfindlichen Ausfall an Speisekarpfen zu rechnen haben werden. Mit wenig Ausnahmen war man eben bisher in Niederösterreich auf eine systematische Erzeugung von Karpfensetzlingen in Dubischteichen nicht eingerichtet und es wird daher jetzt im besten Falle mehrere Jahre dauern, bis wir hinsichtlich der Besatzfischerzeugung auf eigenen Füßen stehen können. Gegenwärtig ist das Bundesministerium für Land- und Forstwirtschaft bemüht, die schon während des Krieges eingeleitete Kleinteichaktion auf eine breitere Grundlage zu stellen, wozu außer der Anlage eines Teichkatasters für Niederösterreich auch die Ausnützung städtischer Kanalabwässer nach dem System Hofer sowie die Nutzbarmachung teichwirtschaftlich besonders geeigneter Gebiete gefördert, bezw. in Angriff genommen wird, letzteres unter Heranziehung lokalkundiger Fachleute. Es lag in der Natur der Sache, mit letzterer Aktion dort einzusetzen, wo sich auf verhältnismäßig kleinem Gebiete eine größere Anzahl von Teichwirtschaften befindet. Dies trifft besonders im niederösterreichischen Waldviertel zu, dessen Teiche als die südlichen Ausläufer des großen böhmischen Teichkomplexes zu betrachten sind und wo, wie in Böhmen, die Teichwirtschaft seit Jahrhunderten gepflegt und betrieben wird. Gewiß war die Teichpflege im Waldviertel in früheren Zeiten weit bedeutender als heute, liegen doch Dutzende von Teichen, bis 100 Joch groß, seit 70–100 Jahren trocken. Ueber die bisherigen Ergebnisse der im Waldviertel bereits eingeleiteten Aktion erstattet der bekannte niederösterreichische Fischzüchter Franz Pölzl (Traismauer), Fischereisachverständiger des Bundesministeriums für Land- und Forstwirtschaft, in der „Oesterreichischen Fischereizeitung" einen Bericht, und es liegt gewiß im allgemeineren Interesse, wenn wir denselben hier wiedergeben.

Es galt zunächst, die Teichwirte des Waldviertels über Zweck und Ziele der Aktion zu unterrichten. Die hie zu für den 26. November v. J. nach Gmünd einberufene Versammlung, zu der sich mehr als 20 Teichwirte, zumeist Vertreter des Großgrundbesitzes, eingefunden hatten, zeigte, daß im Waldviertel auch heute noch ein Stamm tüchtiger Teichwirte vorhanden ist. In dieser Versammlung kamen alle aktuellen Fragen zur eingehenden Erörterung. Die mehrstündige Debatte, an der sich außer den vier offiziellen Vertretern, Dr. Neresheimer und Ing. Doppelreiter, den Initiatoren der

Kleinteichaktion, sowie Prof. Dr. Haempel und Dr. Julius Wagner (Wien), auch der Vorsitzende, Güterdirektor Forstrat Mießl (Weitra), sowie insbesondere Gutsbesitzer Wilhelm Fischer-Ankern (Kirchberg) beteiligten, ließ die feste Absicht erkennen, der Teichwirtschaft erhöhtes Interesse zuzuwenden und durch Neuanlagen und Verbesserungen die Fischproduktion zu fördern und zu heben. Das Anbot des Hrn. Fischer-Ankern, der sich um die Aktion besonders verdient machte, im heurigen Frühjahr aus seinen Dubischteichen eine größere Menge Besatzkarpfen für den dringendsten Bedarf beizustellen, wurde freudig begrüßt. [...]

War so die Aktion auf das Beste eingeleitet, so mußte nunmehr die eigentliche Arbeit, die persönliche Fühlungnahme mit den einzelnen Teichwirten, die Projektierung von Neuanlagen, die Wiedererrichtung ehemals bestandener Teiche, die Beschaffung von Besatzmaterial ec. energisch in Angriff genommen werden. Diese nicht leichte und verantwortungsvolle Arbeit fiel dem Berichterstatter zu. Zu diesem Zwecke bereiste Hr. Pölzl, anschließend an die Gmünder Versammlung, das ganze obere Waldviertel von Herrschaft zu Herrschaft, von Teich zu Teich, überall bestrebt Neues zu schaffen, Bestehendes zu verbessern und Vergessenes wieder zu beleben.

Wiener Landwirtschaftliche
Zeitung, 20. April 1921

In den mehr als 1000 Teichen des Waldviertels werden überwiegend Karpfen gehalten, deren Zucht seit dem Mittelalter gepflegt wird. In den kühlen Teichen wachsen die Fische langsamer heran, sind dafür aber geschmackvoller.

Das Schloss von Groß-Siegharts geht auf das Mittelalter zurück und wurde vielfach umgebaut. Ab 1860 wurde es als Fabrik genutzt, ehe es 1891 in den Besitz der Gemeinde kam. Heute ist hier der Sitz der Stadtverwaltung.

Groß-Siegharts: Verschmähte 9000 Gulden

Die Firma Adensamer und Comp. betreibt seit mehr als 50 Jahren die Seidenband-Fabrication in Wien und hat im Jahre 1840 in Groß-Siegharts ein Fabriksgebäude aufgeführt; dort wird die Winderei und Spulerei der Seide besorgt, während alle übrigen Arbeiten in Wien ausgeführt werden. Da die Firma das Geschäft anfänglich nur in Wien betrieb, wurde auch die Steuer blos für Wien vorgeschrieben. Als die Firma die Fabrik in Groß-Siegharts eröffnete, wurde lediglich die Steuer in Wien erhöht. Im Jahre 1875 begehrte die Gemeinde Groß-Siegharts auf Grund des Gesetzes vom 29. Juni 1871, daß man, nachdem die Hauptfabrication in Groß-Siegharts erfolge, da dort 440, in Wien aber nur 64 Arbeiter beschäftigt seien, die Steuer nicht in Wien, sondern in Groß-Siegharts vorschreiben möge. Es handelt sich nämlich nicht um diese Steuer selbst, sondern um das Recht, auf diese Steuer eine Gemeinde-Umlage auftheilen zu können. Nebenbei sei auch bemerkt, daß in Groß-Siegharts dermalen nicht weniger als 230 Percent Gemeinde- und Schul-Umlagen eingehoben werden. Da die Gemeinde in allen Instanzen mit ihrem Verlangen abgewiesen wurde, erhob sie Beschwerde beim Verwaltungs-Gerichtshofe, welcher jedoch die Beschwerde als ungesetzlich zurückwies, da die Handels- und Gewerbekammer erklärte, nicht in Groß-Siegharts, sondern in Wien sei die Hauptniederlassung der Firma, da die Oberleitung sowol als die ursprüngliche Unternehmung in Wien den Sitz hat. Aus Anlaß des 50jährigen Bestandes der Firma und aus sonstigen Humanitätsgründen hat kürzlich die Firma Adensamer & Comp. der Gemeinde Groß-Siegharts ein Geschenk von 9000 fl.* angeboten, daran jedoch die Bedingung geknüpft, daß die Gemeinde ihre Beschwerde wegen Vorschreibung der Steuer in Groß-Siegharts fallen lasse. Die Gemeinde hat aber dieses Geschenk ausgeschlagen, in der Meinung, eine so ergiebige Einnahmsquelle, als die Steuervorschreibung in Groß-Siegharts ihr biete, nicht fahren lassen zu können. Da dieselbe nun abgewiesen wurde, ist sowol diese Einnahmsquelle versiegt, als auch das Geschenk per 9000 fl* für den Gemeindesäckel verloren, da selbes nur für den Fall des Zurückziehens der Beschwerde zugesichert wurde.

Neue Freie Presse, 24. Mai 1877

---

* fl. = Gulden.

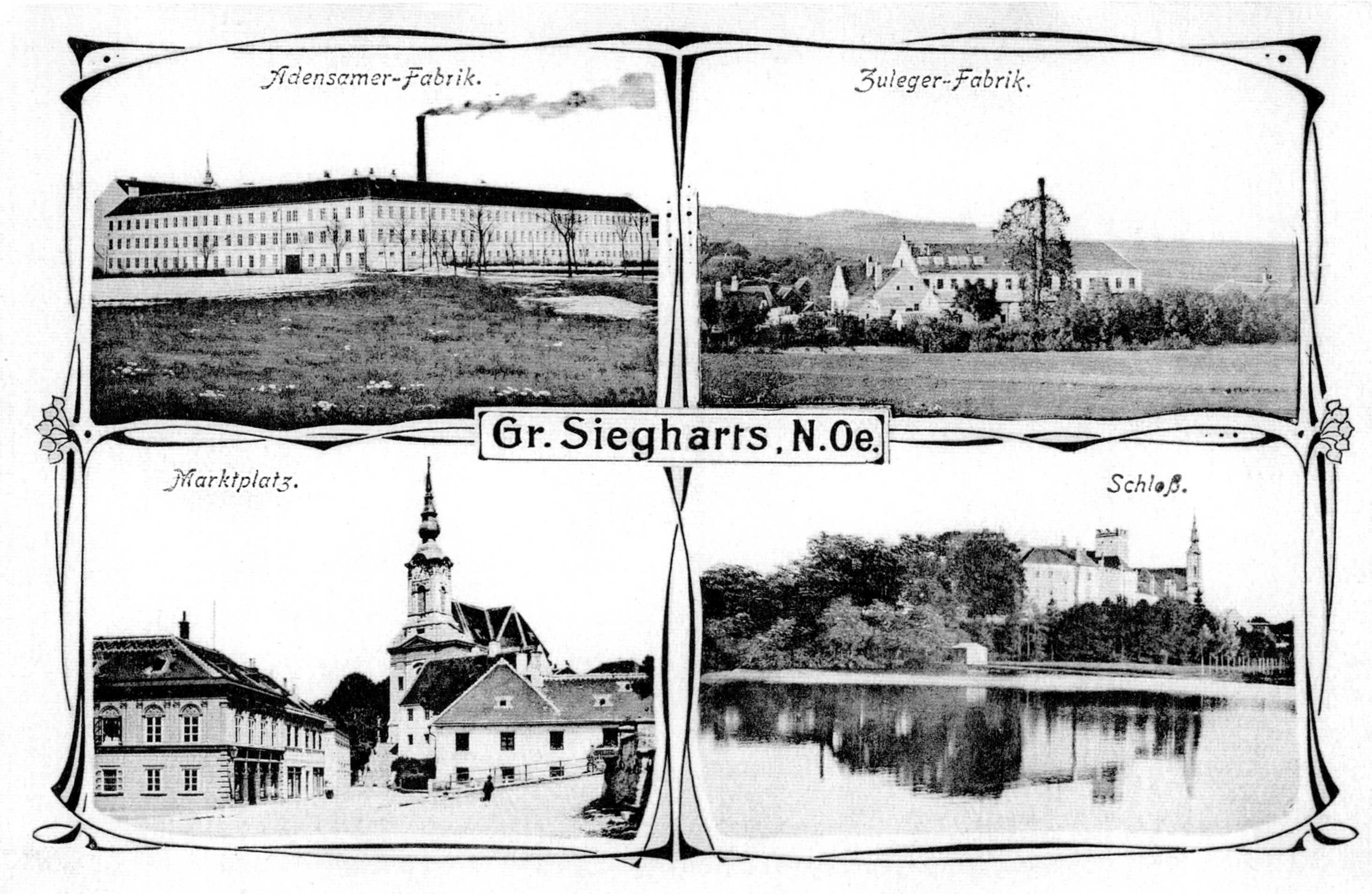

Groß-Siegharts wurde ab dem 18. Jahrhundert zu einem Zentrum der Textilindustrie. Die hausierenden Bandlkramer sorgten im 19. Jahrhundert für einen Aufschwung im Vertrieb, heute erinnert der Name „Bandlkramerlandl" an die einstige Blütezeit.

Naturkatastrophen und andere Unglücke

Wer die idyllischen Flusslandschaften von Braunau, Thaya, Lainsitz und Kamp kennt, würde nicht vermuten, dass diese Gewässer auch in ihren Oberläufen weit über die Ufer treten können. Doch wenn über größere Gebiete wasserreiche Wolkenbrüche niedergehen, geht es Schlag auf Schlag. Das Ausmaß der Unwetter war im Juli 1906 in Waidhofen an der Thaya derart groß, dass das Wasser bei den Fenstern hereinrann. Die Zerstörung der Ernte mit den Feldfrüchten verschlimmerte die Situation einmal mehr.

Selbst an warmen Badetagen konnten die Tiefen so mancher Flüsse zur Todesfalle werden. So lesen wir im Juli 1915 von einem tragischen Badeunfall dreier Schwestern bei Gmünd. Ein mutiger Soldat, der zufällig vorbeikam, rettete zwei, für die dritte kam jede Hilfe zu spät.

In früheren Zeiten waren Brände um ein Vielfaches schlimmer als heute; die damalige Bevölkerung stand den Flammen häufig hilflos gegenüber. Die Möglichkeiten der Feuerwehren waren bei weitem bescheidener. So kam es, dass 1827 nicht nur das Piaristenkolleg in Horn, sondern auch die Georgskirche am Hauptplatz vom Flammenmeer erfasst wurde. Bei den Patres verbrannte die Bibliothek und von der Kirche stürzte der Turm herab.

Auch an den Haupt- und Nebenbahnen passierten immer wieder kleinere und größere Unglücke. Aus der Frühzeit der Waldviertler Bahngeschichte wird von einem großen Unfall an der Franz-Josefs-Bahn berichtet. Im November 1875 kam es nächtens bei Schwarzenau zu einer Bahnkatastrophe, wo „12 oder 13 an der Zahl“, die Rede ist von Waggons, über eine Böschung stürzten.

Weitra: Wolkenbruch im Waldviertel

Aus Weitra wird geschrieben: Donnerstag den 22. d. gieng um die Mittagszeit in Weitra und Umgebung ein Wolkenbruch nieder, der durch volle drei Stunden anhielt, infolge dessen die Vorstadt Lederthal vollständig überschwemmt wurde. Das aus dem Hausschachen herabströmende Wasser füllte den Lederthalgraben in kurzer Zeit und drang aus den Canälen sowie in den Niederungen in die Häuser, welche durch die immer wachsenden Fluten arg gefährdet wurden, namentlich als der reißende Gießbach Brücken und Stege mit sich nahm, wodurch die Bewohner des überschwemmten Thales jeder Verbindung mit der höher gelegenen Stadt beraubt waren. Glücklicherweise ist kein Menschenleben zu beklagen, wohl aber ist der durch das Hochwasser angerichtete Schaden an Häusern, Gärten und Feldern ein bedeutender; man spricht von 40.000 bis 60.000 fl.* Viele Häuser sind dem Einstürze nahe, im Friedhof hat der Blitz eine Seitenmauer stark beschädigt; außerdem schlug der Blitzstrahl noch in die Wasserleitung und richtete im Veitsgraben große Verwüstungen an. Das Gewitter brachte auch einen tüchtigen Hagelschauer mit, welcher die im schönsten Wachsthum begriffenen Garten- und Feldfrüchte total vernichtete. Unaufhörlich gelangen neue Klagen über große Wetterschäden aus der Umgebung in die Stadt, welche zum Theile selbst ein jammervolles Bild der Verwüstung bietet.

Linzer Volksblatt, 28. Mai 1890

* fl. = Gulden.

Die unscheinbar wirkende Lainsitz bringt für die Einwohner in den Niederungen der vom Kuenringer Hadmar II. zu Beginn des 13. Jahrhunderts gegründeten Burgstadt Weitra bei plötzlichen Platzregen immer wieder Hochwassergefahren.

Wasserstand wie seit 25 Jahren nicht mehr

Der Wasserstand, den die Braunau, Thaya, Lainsitz und Kamp erreichte, hatte eine Höhe wie seit 25 Jahren nicht mehr. In Eberweis bei Heidenreichstein wurde die Mühle des Herrn Gottfried Flicker fast gänzlich durch das Hochwasser demoliert. Außerdem erleidet der genannte Teichmüller noch durch den gänzlichen Verlust der Fische seiner gerissenen Teiche einen Schaden von 3000 K*. Sonntag den 15. d. M entführte das Hochwasser der Thaya das mit einem Kostenaufwande von 1700 Kronen neu hergestellte Badehaus in Waidhofen; es zerschellte an der Brücke und wurde dann trümmerweise von den Fluten fortgerissen. So jagt eine Hiobspost die andere und die Feldfrüchte, die heuer einen unvergleichlich schönen Stand ausweisen, verderben auf der Wurzel. Das ist das schlimmste bei der Sache.

Deutsches Volksblatt, 18. Juli 1906

Katastrophenhochwässer treten, wenn eine Reihe ungünstiger Faktoren zusammentreffen, auch im Thayatal immer wieder auf. Zuletzt am 29./30. Juni 2006 als im Einzugsgebiete von Deutscher und Mährischer Thaya massive Starkniederschläge niedergingen.

---

* K = Kronen.

Der Kampf ums Leben im Malerwinkel

Am 23. Juli gegen Abend gingen die drei Töchter des Wirtschaftsbesitzers Herrn Haumer in Gmünd-Nasterzeil in die Braunau baden. Die Braunau bildet im reizenden Malerwinkel bekanntlich einige ziemlich tiefe Stellen. Während des Badens bemerkten die Schwestern, daß eine von ihnen in Ertrinkungsgefahr sei und eilten ihr mit lauten Hilferufen zu Hilfe. Die Lage gestaltete sich aber derart ungünstig, daß alle drei Schwestern in Gefahr gerieten, als zufällig ein Soldat der Barackenlagerwache des Weges daher ging, den Kampf in der Braunau sah, sofort in den Fluß stürzte und zwei der Schwestern mit eigener Lebensgefahr vom Tode rettete. Die dritte Schwester konnte leider nur mehr als Leiche geborgen werden. Ein tragisches Geschick wollte es, daß diejenige Schwester, welche zuerst in Gefahr geriet, gerettet wurde, dafür aber die zu ihrer Rettung herbeigeeilte ältere, 29jährige Schwester den Tod fand. Dem wackeren Soldaten beglückwünschen wir zu seiner mutigen Tat, welche hoffentlich den verdienten Lohn finden wird.

Österreichische Land-Zeitung, 31. Juli 1915

Die Stromschnellen des romantischen Malerwinkels – eines von imposanten Granitwänden gesäumten Flussabschnitts der Braunau vor deren Einmündung in die Lainsitz – bergen Gefahren, die man nicht unterschätzen sollte.

Horn: Wiederhohlte Jammer-Scenen durch Brand-Verheerungen

Abermahls sind es Unglücksfälle ganz eigener Art. Bey dem in der Stadt Horn ausgebrochenen großen Brande ist das dortige Piaristen-Kollegium beynahe ganz eingeäschert worden.

Nicht bloß die Dachung dieses weitläufigen Gebäudes hat die Flamme verzehrt, auch die Mauern sind dergestalt verwüstet worden, daß der zweyte Stock gänzlich ausgebrannt da steht, und durch seinen Einsturz auch das erste Stockwerk zu vernichten droht. Durch diesen Umstand wurde ein Theil der Schulzimmer gänzlich unbrauchbar gemacht; die Bibliothek vernichtet, und alles, was zum Behuf der Ausbildung für die Jugend von dem Piaristen-Kollegium angeschafft wurde, durch der Flamme Wuth entrissen.

Der Brand war so gräßlich, daß nicht einmahl die Kirche verschont geblieben; unter schrecklichem Getöse stürzte der Thurm hernieder, die Glocken schmolzen; überall schauderhafte Verheerung.

Die Geistlichen sind nun ohne Obdach; sie leben zerstreut von der Wolthat mitleidiger Menschen; zwar sind die Schulen bald nach dem Brande wieder eröffnet worden, aber die Fortdauer derselben, so wie die Existenz des Collegiums schwebt in großer Gefahr, da sein Vermögensstand nicht ausreicht, sich in Horn ferner zu erhalten.

Was hieraus in jenen Gegenden für ein Nachtheil für die Jugend entstehen würde, die größten Theils mittellos durch diese treffliche Anstalt zu braven Staatsbürgern herangebildet wurde; welchen Verlust so viele Bürger in Horn erleiden müßten, welche einen sichern Erwerb aus dem Umstände ziehen, daß die Schulen dort viele Jünglinge auch aus andern Gegenden zusammenführen, läßt sich leicht erweisen, – und wenn man noch in Erwägung zieht, welchen erhabenen Zweck diese edle geistliche Corporation, und die mit ihr in Verbindung stehende Studien-Anstalt im Auge hat; so wird die Nothwendigkeit, theils noch größeren Nachtheilen und Verwüstungen so schnell als möglich entgegen zu arbeiten, theils den neuen Bau noch vor dem Hereinbrechen der ungünstigen Jahreszeit zu vollenden, zur unablässigen Bedingung.

Wiener Zeitung, 10. Oktober 1827

Der Blick aus dem Süden, vom Taffatal, zeigt links die Arkaden der Piaristenkirche und rechts das Schul- und Konventsgebäude der Piaristen, wo bis 1872 das Piaristengymnasium war. Später befand sich das Landesgymnasium und ab 1921 das Bundesgymnasium an dieser Adresse, heute ist hier das Kunsthaus Horn.

Das Eisenbahn-Unglück auf der Franz Josephs-Bahn

Heute liegt eine Reihe von Einzelheiten über das schreckliche Unglück vor, die wir im Nachstehenden verzeichnen. Der Generaldirector der Franz Joseph-Bahn verschickte gestern noch folgende officielle Mittheilung:

„Soeben, 10 Uhr Abends, von der Unfallstelle eingelangt, beehre ich mich, zur gefälligen Veröffentlichung mitzutheilen, daß sich nunmehr mit Bestimmtheit behaupten läßt, der Unfall sei durch frevelhafte Hand herbeigeführt worden. Herr Oberst Wenke, Architect Svoboda und Spänglermeister Svitak, welche sich beim verunglückten Zuge Nr. 9 befanden, haben sich diesbezüglich von Prag aus telegraphisch als Zeugen freiwillig zur Verfügung gestellt. Todt sind drei Zugsbegleiter, nämlich Oberconducteur Niegel, Conducteure Taner und Watzin, Postofficial Hradetzky, sowie vier Passagiere, deren Namen noch nicht constatirt werden konnten; Maschinenführer Schleinzer und Heizer Kalloun konnten noch nicht aufgefunden werden. Außerdem sind noch sieben Reisende und zwei Postbedienstete theils leicht, theils schwer verwundet. Beim Zuge befanden sich 128 Reisende. Für die Verwundeten ist sowohl in Schwarzenau als auch in Gmünd alle erdenkliche Vorsorge getroffen. Der Bahnkörper ist beinahe nicht beschädigt, der Verkehr seit Mittags ungestört."

Ueberaus drastisch schildert ein Reisender, ein Engländer, der sich auf dem verunglückten Zuge befand, die Schreckensnacht. Nach seiner Erzählung spielte sich das traurige Ereigniß also ab: „Knapp vor der Brücke bei der Station Schwarzenau vernahmen wir um 12 Uhr 45 Min. im Halbschlaf plötzlich ein fürchterliches Getöse. Die Waggons, 12 oder 13 an der Zahl, bäumten sich und stürzten über den Damm in eine Tiefe von etwa 13 Klaftern hinab. Zwei Waggons zweiter Classe und drei dritter gruben sich in den Damm hinein und blieben so halbgesenkt stehen. Die Locomotive, der Tender und weitere fünf Personenwagen wurden zertrümmert und begruben mehrere Todte und viele Schwerverwundete. Es war ein schauderhafter Anblick; das Jammern der Verwundeten, die vergebens Hilferufe ausstießen, das Röcheln der Sterbenden, das Schreien der Kinder und Frauen, das Alles machte einen herzbrechenden Eindruck auf die Unbeschädigten, welche in der Verwirrung gar nicht helfend eingriffen. Die Nacht war finster, es gab einen starken Frost und Lichter waren nicht aufzubringen. Eine hochschwangere Frau wurde von Geburtswehen überfallen und verschied an erlittenen Verwundungen; eine andere Frau schrie jämmerlich aus dem Fenster: „Mein Mann ist todt, rettet mich um Himmels willen." Die Unglückliche befand sich in einem der aufgethürmten Waggons und es war unmöglich, sie zu retten. Todte und Schwerverwundete wurden bei der herrschenden Finsterniß in's benachbarte Dorf geschafft. Die geretteten Passagiere blieben drei Stunden an der Unglücksstätte, dann wurden sie nach der Station Schwarzenau gebracht. Im zertrümmerten Schlafwaggon war ein Reisender, der erhebliche Verwundungen erlitt; die Baarschaft, die er mit sich führte, mehrere tausend Gulden betragend, wird vermißt. Das Gepäck der Reisenden ist von Wagentrümmern begraben. Der Conducteur Johann Dokuzowitz hatte mit eigener Lebensgefahr zur Rettung von etwa 15 Passagieren unendlich viel beigetragen. Er erklomm die aufgethürmten Waggons und zog durch die Fenster die Halbohnmächtigen hervor. Im Coupé des Erzählers waren zwei Todte, darunter ein Mann, dem der Kopf abgerissen ward. Die Coupés waren voll Blut. Der Wiener Zug kam um 2 Uhr Nachmittags hier an.“

Die erst heute eingetroffenen Nachrichten besagen Folgendes: Der getödtete Kaufmann aus Prag heißt Samuel Kohn, die getödtete Regimentsarzts-Gattin Marie Filsack. Schwerverwundet, aber doch abgereist sind Statthaltereirath Zeisinger aus Eger sammt Frau. Beide haben Verletzungen am Kopfe, die Stirnhaut ist ihnen fast völlig abgerissen und an den Armen haben sie große Rißwunden. Der Bauer Reichersdorfer aus Zeltwegen erlitt einen Bluterguß in der Backe und liegt in Schwarzenau. Ferner sind in Schwarzenau Herr Pflanzl sammt Gattin, Beide schwer verwundet. – Unter den Geretteten befinden sich: Der an Stelle des Fürsten Metternich zum 13. Dragonerregimente nach Brandeis gehende Oberst Obauer mit Frau und Kindern und der Bankier Thorsch, ferner der Hof- und Gerichtsadvocat aus Wien, Dr. Max Schikh. Der mit demselben Zug erwartete Generalstabshauptmann Bancatari, bekannt durch eine Broschüre gegen den Militärkanzleistyl, kam in Prag nicht an.

Auf der Unglücksstätte selbst sind vierzig bis fünfzig Taglöhner bei Tag und Nacht, während der Dunkelheit bei Fackelschein, ununterbrochen beschäftigt, die Waggons zu zerlegen, während aus Wien requirirte Maschinenschlosser die Locomotive und den Tender demontiren. Die einzelnen Theile werden dann mit Winden gehoben, auf Laufbretter gebracht und so befördert. Bemerkenswerth ist es, daß man, als ein verwundeter Passagier der allererste die Meldung von dem entsetzlichen Vorfalle auf die Station Schwarzenau brachte, nicht in das nahe Windischsteig, sondern nach Göpfritz um Aerzte sandte. So groß war die Verwirrung und das Entsetzen, die sich Aller bemächtigt hatte. Das Wehklagen und die Hilferufe der Verwundeten waren weithin vernehmbar. Den ersten Schritt zur Orientirung machten die unverletzt gebliebenen Passagiere, an der Spitze Oberstlieutenant Wenke, indem sie sich aus den Trümmern der Waggons Feuer bereiteten. Bald kamen die Bewohner der umliegenden Ortschaften mit Laternen und Lichtern und auch der Vorstand der Station Schwarzenau mit einem Hilfspersonale.

Das Vaterland, 6. November 1875

Der Bahnhof Schwarzenau war ein wichtiger Bahnknotenpunkt im Waldviertel. Hier zweigte von der Franz-Josefs-Bahn die – heute eingestellte – Thayatalbahn nach Norden über Waidhofen an der Thaya bis ins tschechische Zlabings ab. Richtung Süden führte eine Bahnlinie über Zwettl nach Martinsberg-Gutenbrunn.

Am Friedhof in Windigsteig befindet sich eine Gedenktafel mit den Namen der verunglückten Eisenbahner.

Freud und Leid im Waldviertler Alltag

Runde Jubiläen sind selten. Umso verständlicher ist der Aufwand für die große Feier anlässlich des 600-jährigen Bestandes der Marktgemeinde Gföhl im Jahr 1927. Neben lokalen Größen reiste eigens auch Bundeskanzler Seipel aus Wien an. Man veranstaltete ein historisches Festspiel und ließ die Geschichte Revue passieren. Ähnlich feierlich beging man die Stadterhebung in Heidenreichstein 1932, hier kam Landeshauptmann Dr. Buresch, nachmittags gab es ein Sängertreffen. Selbst die Verabschiedung des langgedienten Bürgermeisters Dötz wurde 1907 in Allentsteig als Fest gefeiert. Zu Recht, hatte Dötz doch „seit fast einem Menschenalter im Dienste der Gemeinde stehend" das „Dörfl" zu einem „Landstädtchen" gemacht. Im selben Jahr errichtete man *dem* Waldviertler Dichter Robert Hamerling in Karlstift ein Denkmal, zur Enthüllung im August 1909 hatten sich zahlreiche Vereine angemeldet.

Völlig still und ohne Feierlichkeiten war 1906 die Eröffnung der 43 Kilometer langen Bahnlinie „zweiter Ordnung" von Zwettl nach Martinsberg erfolgt. Dass während des Ersten Weltkrieges über 50.000 Flüchtlinge bei Gmünd in einem Barackenlager waren, scheint heute nahezu in Vergessenheit geraten zu sein. Sie alle hatten nur eines im Sinn: schnell wieder nach Hause zu kommen. Dass just im Waldviertel, noch dazu ganz im Norden in Gmünd, bereits 1907 Österreichs erster O-Bus verkehrte, wurde leider von vielen schon vergessen, schade! Aber immerhin kann man es heute noch nachlesen.

Sechshundertjahrfeier von Gföhl

Die Marktgemeinde Gföhl im Waldviertel beging unlängst die Feier ihres sechshundertjährigen Bestehens. Hierzu hatten sich zahlreiche Festgäste, Gemeindedeputationen, Vereine usw. aus Niederösterreich eingefunden. Bundeskanzler Dr. Seipel wurde an der Marktgrenze von der gesamten Gemeindevertretung mit dem Bürgermeister Karl Kippes und den Vizebürgermeistern Kloiber und Pflanzer, Bauernkammerobmann Schwarz, Gewerbebundobmann Hagmann und Feuerwehrhauptmann Prinz begrüßt und durch ein langes Spalier strammer Feuerwehrleute aus dem Waldviertel unter den Klängen der Bundeshymne zum Festplatz geleitet. Außerdem hatten sich eingefunden: der Präsident des Nationalrates Miklas mit zahlreichen Nationalräten, Landesrat Mittermann für die niederösterreichische Landesregierung mit zahlreichen Landtagsabgeordneten, Abt Armand John von Melk mit zahlreichen Pfarrern des Gföhler Bezirkes, Bezirkshauptmann Dr. Vogel und die Bürgermeister aus allen Gemeinden des Waldviertels. Am Festplatz vor der Kirche wurde eine Feldmesse gelesen, wobei die Militärkapelle der Kremser Garnison die „Deutsche Messe" aufführte. Nachmittags wurde am Marktplatz ein historisches Festspiel aufgeführt, das der Schriftsteller Hans Herrdegen verfaßte. Es behandelt den Friedensschluß zwischen dem Melker Stift und dem Kuenringer, der im Beisein des Herzogs Friedrich des Streitbaren im November 1231 am Marktplatze in Gföhl stattfand. Mit den Jubiläumsfeierlichkeiten war eine landwirtschaftliche und gewerbliche Ausstellung in Gföhl verbunden, die sehr gut beschickt war und sich regen Besuches erfreute.

Das interessante Blatt, 25. August 1927

In Gföhl am Südwestrand des Gföhler Waldes treffen die Straßen von und nach Zwettl, Krems, Langenlois und Gars zusammen. Der Ort bekam 1493 das Marktrecht, der neugotische Brunnen am Hauptplatz ist hingegen aus dem Jahr 1870.

Allentsteig: Resignation des Bürgermeisters Dötz

In der Gemeindeausschußsitzung vom 23. v. M. nahm Altbürgermeister Dötz Abschied, da er erklärte, bei den Neuwahlen der Gemeinde kein Mandat mehr anzunehmen. Seit fast einem Menschenalter im Dienste der Gemeinde stehend, hat Abg. Dötz – das gestehen selbst seine Gegner ein – ganz Bedeutendes für dieselbe geleistet. Als Bürgermeister Dötz allen Mitgliedern der Gemeinde für die tatkräftige Unterstützung dankte, die er bei allen gefunden, wenn es sich darum handelte, für die Gemeinde Nützliches zu schaffen, wurden allen die Augen feucht. Herr GR. Hirnschall sprach gewiß aus dem Herzen aller, als er Herrn Dötz den Dank und die Anerkennung der Stadt aussprach und lebhaft bedauerte, daß der Gemeinderat in Zukunft seine Erfahrung und ruhige Besonnenheit vermißen werde.

Bürgermeister Dötz hielt sodann einen Rückblick auf das, was unter seiner Amtswaltung geschaffen wurde. Es ist das: Vereinigung der oberen und unteren Vorstadt; Bau der Personen-Haltestelle im Jahre 1886, Errichtung des Bezirksgerichtes und Steueramtes, welche Aemter nach Göpfritz und Neupölla hätten verlegt werden sollen; weiters: Bau der Hauptkanäle, Verlegung der k. k. Forst- und Domänen-Verwaltung nach Allentsteig und Bau eines eigenen Hauses dafür. Bau der Landes-Siechenanstalt, des Personen- und Frachtenbahnhofes, des Amtsgebäudes, des Jubiläumshauses, Anlage eines Klinkersteintrottoirs, Ausbau der Straßen mit dem Mittelpunkte Allentsteig, Anlage eines 11 Joch großen Naturparkes zur Hebung von Allentsteig als Sommerfrische; endlich (über Anregung des GR. Lugmayr) Bau des Elektrizitätswerkes.

So wurde aus dem großen „Dörfl", das Herr Dötz bei seiner Amtsübernahme vorfand, ein schönes Landstädtchen, das den Vergleich mit anderen von derselben Größe nicht zu scheuen braucht.

Darum Ehre dem Namen Dötz! Und wünschen wir ihm vom Herzen, daß er noch recht viele Jahre in unserer Mitte zubringen möge in voller Gesundheit, glücklich und zufrieden! Seine Taten werden ihn überleben, und noch von kommenden Geschlechtern wird der Name August Dötz mit Stolz genannt werden!

Österreichische Land-Zeitung, 12. Januar 1907

Heute ist die Stadtgemeinde Allentsteig durch den nach ihr benannten Truppenübungsplatz bekannt. Das Gebiet um Allentsteig gehörte zum Stammbesitz der Kuenringer, die Besiedlung erfolgte um die Wende vom 11. zum 12. Jahrhundert. Die Burg entstand bald nach 1100. Das Obergeschoß des Turmes mit den Zinnen und Zeltdach wurde im Jahr 1904 vollendet.

Die Festlichkeiten in Heidenreichstein

Samstag vormittags fand die feierliche Eröffnung der aus Anlaß der Stadterhebungsfeier veranstalteten Waldviertler Ausstellung in Heidenreichstein statt. Zur Feier hatten sich u. a. als Vertreter der Landesregierung Regierungsoberkommissär Dr. Schmiedl, von der Landes-Landwirtschaftskammer Vizepräsident Mantler und Kammeramtsdirektor Ing. Greil sowie Wein- und Obstbaudirektor Hofrat Soschnig, von der Handelskammer Vizepräsident Kommerzialrat Lenhart, Kammerrat Richter und Fachkonsulent Strauß, ferner zahlreiche Nationalräte, Landtagsabgeordnete und Bürgermeister eingefunden. Bürgermeister Alois Danzinger begrüßte die Festgäste namens der Stadt Heidenreichstein. Regierungsoberkommissär Dr. Schmiedl überbrachte die Grüße der Landesregierung und des Landeshauptmannes Dr. Buresch, Vizepräsident Mantler die Grüße der Landes-Landwirtschaftskammer, Kommerzialrat Lenhart sprach namens der Kammer für Handel, Gewerbe und Industrie.

Am Sonntag trafen zur Stadterhebungsfeier ein: Landeshauptmann Dr. Buresch, die Nationalräte Brinnich und Oelzelt, die Prälaten Dr. Schmidt vom Stift Zwettl und Stiedl aus Eisgarn, Landtagsabgeordnete, Vertreter der Landes-Landwirtschaftskammer und der Kammer für Handel, Gewerbe und Industrie u. a. Auf dem Hauptplatz zelebrierte Propst Stiedl die Feldmesse, bei der die Militärkapelle des Infanterieregiments Nr. 6 aus Krems Schuberts Deutsche Messe spielte. Stadtpfarrer Dechant Griesser flehte in seiner Ansprache den Segen des Himmels auf die als Stadt so

Die mächtige Burg Heidenreichstein mit den spitzen Dächern der Ecktürme wird oft als wehrhaftes Wahrzeichen des Waldviertels abgebildet. Der weithin sichtbare Bergfried als ältester Teil der Anlage geht auf das 12. Jahrhundert zurück.

junge, als Siedlung aber altehrwürdige Gemeinde Heidenreichstein herab. Im Kinosaal wurde dann eine Festsitzung des Gemeinderates abgehalten, in der Bürgermeister Hauptschuldirektor Danzinger die wechselvolle Geschichte der Siedlung Heidenreichstein darlegte.

Landeshauptmann Dr. Buresch beglückwünschte den Vorort des oberen Waldviertels zur verdienten Rangerhöhung. Was Heidenreichstein im Laufe der Jahrhunderte mitgemacht hat, ist echt österreichische Geschichte. Oft in Schutt und Asche gelegt, ist es doch wie ein Phönix immer wieder aufs neue erstanden. Dies konnte nur geschehen, weil die Söhne so hart und zäh waren wie das Felsgestein, auf dem das Waldviertel ruht. So karg und so steinig wie das Waldviertel ist heute der Boden ganz Österreichs. Wir Österreicher müssen die Zähne zusammenbeißen, doch ist es ein Glück, daß wir nicht so weich sind, wie man uns gerne hinstellt. Unser Volk ist aus festem und zähem Holz geschnitzt, es ist erfüllt von tiefer Vaterlandsliebe und hält seiner Heimat die Treue auch in Not und Gefahr. Den Abschluß der Feier bildete nachmittags im Ausstellunggelände ein Sängertreffen.

Wiener Zeitung, 30. August 1932

Gelungener Flug Illners von Wien nach Horn

Illner, der Favorit der österreichischen Aviatiker, hat heute seinen schon mehrmals verschobenen Überlandflug Wien–Horn–Wien unternommen. Schon um 7 Uhr früh hatte sich auf der Simmeringer Heide ein zahlreiches Publikum angesammelt. Das Wetter gestaltete sich äußerst günstig. Es herrschte fast Windstille. Um viertel 8 Uhr erschien Illner mit seiner Frau auf der Heide und traf sofort Vorbereitungen zum Abflug. Bald darauf brachten Soldaten aus dem Bleriot-Hangar den Monplan „Etrich 4“. Illner setzte den Apparat zum Abflug bereit. Um 9 Uhr 4 Min. gab Illner das Zeichen. Die Motore wurden angeworfen. Sie funktionierten tadellos. Jetzt das Signal zum Aufstieg. Der Apparat läuft zirka 50 Schritte hin und erhebt sich dann sofort in die Luft. Illner gewinnt sogleich eine respektable Höhe, umkreist in einigen eleganten Kurven die Abflugstelle und entschwindet dann bald den Blicken der enthusiasmierten Zuschauer.

Illner in Horn.

um dreiviertel 10 Uhr traf in Horn die Meldung ein, daß Illner von der Simmeringer Heide abgeflogen ist. Sofort verkündete ein Hornist in den Straßen der Stadt dieses freudige Ereignis. Sogleich strömte nun – zum vierten Mal – eine große Menschenmenge zum Hopfengarten, das ist die Wiese, wo die Landung erfolgen sollte. Ingenieur Stachl und der als Zeitnehmer bestimmte Ingenieur Hampl trafen alle Vorbereitungen für die Landung. Gendarmerie und Polizei sperrten den Landungsplatz ab. Alle Honoratioren der Stadt haben sich eingefunden.

Um 10 Uhr 5 Minuten langte die Meldung ein, daß Illner Schloß Weikersdorf passiert habe. Unter dem Jubel der Menschenmenge wurde um 10 Uhr 20 Minuten „Etrich 4“ über dem Galgenberg gesichtet. Im eleganten Flug näherte sich Illner dem Landungsplatz und fortwährend Kurven beschreibend, ging er endlich zu Boden. Der Zeiger zeigte 10 Uhr 30 Minuten, als die Landung erfolgt war. Illner wurde von den Honoratoren und der Menschenmenge auf das lebhafteste beglückwünscht. Die Landung erfolgte 10 Meter von dem als Landungsstelle bezeichneten Punkt in einem sumpfigen Platz. Der Apparat sank ein wenig ein, doch erlitt er keinen Schaden. Der Jubel der zahlreichen Zuschauer war ein ungeheurer. Die Polizei hatte schwere Mühe die Menge von der Landungsstelle fernzuhalten.

Illner über seinen Flug.

Illner schilderte seinen Flug und sagte: Ich habe die Route genau eingehalten. Nach Überquerung der Donau flog ich über Strebersdorf, Floridsdorf, Langenzersdorf, Korneuburg, Stockerau u. s. w. Ich habe die Strecke in fünfviertel Stunden zurückgelegt. Die Orientierung war großartig, vom Nebel hatte ich nichts zu leiden. Ich habe meine bis jetzt größte Höhe erreicht, nämlich 850 Meter. Bei Meisau ging ich auf 700 Meter nieder. Bei der Simmeringer Heide bin ich gleich auf 350 Meter in die Höhe gegangen.

Der Kaiser auf der Simmeringer Heide.

Es verlautet, der Kaiser wolle selbst um die Mittagsstunde auf die Simmeringer Heide kommen, um Illner landen zu sehen und ihn für seine bravouröse Tat zu beglückwünschen.

Der Rückflug von Horn.

Auf dem Flugfeld auf der Simmeringer Heide ist um 1 Uhr die telegraphische Meldung eingelangt, daß Illner um viertel 1 Uhr mittags von Horn den Rückflug nach Wien angetreten hat.

Grazer Volksblatt, 10. Oktober 1910

Am 10. Oktober 1910 flog der „Aviatiker" Karl Illner (1877–1935; im Bild rechts neben dem Propeller) von Wien nach Horn und retour und gewann damit den „Großen Preis der Stadt Wien", der mit 20.000 Kronen dotiert war.

Die Stadt Horn setzte „dem kühnen Piloten Illner“ am Landeplatz, der Hopfengartenwiese, am Tag genau ein Jahr nach dessen Landung, am 10. Oktober 1911, ein Denkmal. Heute ist hier Start- und Zielpunkt der „Tut-gut! Wanderstrecke“.

Karlstift: Hammerling-Denkmal-Enthüllung

Am Sonntag den 22. ds. findet in Karlstift bei Weitra an der böhmischen Grenze, um 2 Uhr nachmittags, die feierliche Enthüllung eines Hammerling-Denkmales statt, das im Jahre 1907 von Mittelschülern errichtet wurde und zu dem der Forstadunkt Weber das bisher bestgelungenste Relief schuf. Der Verein „Deutsche Heimat" ließ nun das Relief durch die Gießerei Frümml in Wien in Bronze gießen und wird ihm das Denkmal, das mit Hilfe der Südmark und des Bundes der Deutschen in Niederösterreich aus Quarzsteinen neu errichtet wurde, an diesem Festtage übergeben. Der bekannte Hammerlingforscher Dr. M. Rabenlechner hält die Festrede. Die Feier wird sich für das ganze Waldviertel zu einer imposanten, nationalen Kundgebung gestalten und sind zahlreiche Vereine usw. bereits angemeldet.

Salzburger Volksblatt, 21. August 1909

Im Waldviertel schuf man in Karlstift, Gmünd und Zwettl Denkmäler für den Schriftsteller. In Wien wird er durch die Robert Hamerling-Gasse, den Hamerlingplatz, die Hamerlinggasse und den Hamerlingweg mehrfach geehrt.

Der Dichter Robert Hamerling wurde am 24. März 1830 in Kirchberg am Walde geboren und starb 1889 in Graz. Ab 1851 unterrichtete er klassische Sprachen am Akademischen Gymnasium in Wien, später in Graz und Triest; bekannt sind seine Versepen, Gedichte, Novellen und Romane.

Zwettl: Eine stille Bahneröffnung

Sang- und klanglos ist, wie schon berichtet, am 15. ds. früh das erste Züglein von der Station Zwettl nach dem 43 Kilometer entfernten Martinsberg abgelassen worden. Mittags folgte der zweite und abends der dritte Zug. Die sparsame Bauunternehmung hatte auf eine besondere Eröffnungsfeier vorweg verzichtet und die Stadt Zwettl fühlte sich ebenfalls nicht berufen, für die Hinterstationen die Kastanien aus dem Feuer zu holen. Zudem gab es in Zwettl ohnedies die reichbeschickte Obstausstellung, der die Bahneröffnung recht zugute kam. Den Namen „Waldviertlerbahn" verdient die neue Strecke mit vollem Recht, denn die Schienen laufen fast die ganze Strecke durch Waldland. Zuerst gehts auf einer hohen Granitbrücke über den Kamp. Der Anblick der Stadt Zwettl erinnert an die Znaimer Einfahrt. An der Vorstadt Syrnau im weiten Bogen vorbei steigt die Strecke an der Lehne des forstreichen Sauberges hinan zur Station Klein-Schönau, die mitten im Walde liegt. Das wird einmal eine vielbesuchte Sommerfrische werden. Zu Schönau gehören die einst dem Stift Zwettl zugeteilten vier Meiereien Kleehof, Koblhof, Ratschenhof und Neuhof. Weiter der Straße zu liegen die beiden Schönauer Teiche. Bei Kilometer 138 (ab Wolframs in Mähren) folgt die Station Ober-Nondorf mit dem Dorfe Königsbach, dann zwei Kilometer weiter Waldhausen mit Hirschenschlag, Rappoltschlag, Grünmühle, Loschbergmühle und Riegelmühle. Der Loschberg wird zum Teil umfahren, worauf die Haltstelle Kaltenbrunn zu Gesicht kommt und der auf einer Hochebene gelegene Markt Grafenschlag mit 800 Einwohnern. Nach der Haltestelle Bibertschlag erreicht die Strecke bei dem Markt Ottenschlag die Höhe von 852 Metern. Ottenschlag zählt über 1000 Einwohner. Die 18 Kilometer lange Strecke bis Martinsberg bietet wenig Abwechslung. Man glaubt auf einer norwegischen Bahn zu sein, so einsam, rauh und still ist es ringsum. Außer dem Zwettler Viadukt ist noch die Talübersetzung bei Ottenschlag als hervorragendes Objekt zu nennen. Die Stationsgebäude sind nett und freundlich, neue Typen mit sezessionistischem Anstrich. Die Bahn ist eine solche zweiter Ordnung und befindet sich im Staatsbetrieb. Die ganze Strecke von Wolframs bis Martinsberg beträgt 168 Kilometer, welche Strecke der gemischte Zug in neun Stunden zurücklegt, eine Geschwindigkeit, die allerdings vieles zu wünschen übrig läßt.

Österreichische Land-Zeitung, 27. Oktober 1906

Der Bau der 271 Meter langen Eisenbahnbrücke in Zwettl begann im Mai 1906 durch die Prager Maschinenbau AG. Am Montag, den 15. Oktober 1906, war das Brückentragwerk mit den vier Feldern zu je 47,60 Meter fertig.

Gmünd: Die Stadt der heimatlosen Ukrainer

Unweit der Station Gmünd der Franz-Josephs-Bahn ist auf einem 15 Joch großen Ackerland binnen wenigen Monaten eine neue Stadt entstanden, die unter der Verwaltung der n.-ö. Statthalterei die Heimatlosen aus dem äußersten Osten unserer Monarchie beherbergt: Ukrainer, die im k. k. Barackenlager Gmünd eine Zufluchtsstätte gefunden haben.

Auf schneebedeckten Feldern wurde zu Anfang Jänner mit dem Bau begonnen und zu Ende Mai beherbergten die weit ausgedehnten Anlagen bereits mehr als 28.000 Flüchtlinge, unter ihnen auch solche, die schon auf dem Feld der Ehre gekämpft und infolge erlittener Verletzungen aus dem Heeresverband als superarbitriert entlassen, in ihre vom Feind besetzte Heimat nicht zurückkehren konnten.

53.000 Personen haben bis jetzt Unterkunft im Lager gefunden, das dortige Arbeitsvermittlungsamt hat 23.000 Arbeit verschafft; nur wenige sind in ihre Heimat zurückgekehrt und heute werden noch 16.000 Heimatlose dort beherbergt und verpflegt. Argwöhnisch betraten sie ihr neues Heim; nicht einmal ihre zerrissenen Kleider und ihr reparaturbedürftiges Schuhwerk wollten sie der Verwaltung anvertrauen, aber der Leutseligkeit der Beamten gegenüber, an deren Spitze Hofsekretär Aug. Freih. Czapka von Winstetten steht, wich bald jede Scheu und ehrerbietig blicken sie heute zu den ihnen vorgesetzten Beamten auf, die ihnen soviel Beweise von Nächstenliebe gegeben haben. Ihr sehnlichster Wunsch, in die geliebte Heimat zurückkehren zu dürfen, kann ihnen freilich jetzt noch nicht erfüllt werden …

Am Sonntag und Montag hatte die Wiener Presse infolge einer Einladung der Statthalterei Gelegenheit, dieses Muster-Flüchtlingslager mit allen seinen Einrichtungen zu besichtigen. In der liebenswürdigsten Weise gab der Beamtenkörper, der an der Spitze der von den Flüchtlingen selbst verwalteten Stadt steht, die erwünschten Erklärungen. An der vom Bez.-Komm. Dr. Hallama des Statthalterei-Präsidiums begleiteten Exkursion beteiligten sich auch der Vizepräsident des ukrainischen Nationalrats Abg. R. v. Wassilko, der Obmann des ukrainischen Verbands im Reichsrat Abg. OLGR. Semaka und der Abg. Elias R. v. Budzynowskyj, sowie die Vertreter der ukrainischen Presse.

Im Lager übernahm Hofsekretär Baron Czapka, Oberbezirksarzt Dr. Reder als Chefarzt des Barackenlagers, die Ing. Höfer und Schmidkunz und die Statth.-Konzip. Dr. Buchner und Dr. Bilinski, letzterer von der galiz. Statthalterei, die Führung. Bei dem zu Ehren der Gäste veranstalteten Kasinoabend hatten diese auch Gelegenheit, die schwermütigen Nationallieder des ukrainischen Volkes zu hören. Chorgesänge, vom Kirchenchorverein vorgetragen, wechselten mit Einzelliedern ab. Ihren glühenden Patriotismus drückten die Heimatlosen durch Absingung der Volkshymne und ihre Liebe zum deutschen Bundesgenossen durch den Vortrag der deutschen Hymne in ihrer Muttersprache aus.

Unser heutiges Titelbild stellt einzelne Teile des ukrainischen Barackenlagers bei Gmünd sowie Skizzen und Szenen aus diesen dar. Im linken oberen Teil ist der Hauptplatz der Anlage zu sehen, auf ihm (von links nach rechts) im Hintergrund der Turm der Feuerwehr, die Kirche und daneben die Schule, vor dieser der nach Weisungen des Garteninspektors Frolik aus Wien errichtete Schulgarten, in dessen Mitte ein Pavillon sich erhebt, in dem eine Büste des ukrainischen Volksdichters Taras Schewetschenko zur Ausstellung gelangt. Rechts oben ist eine Teilansicht des Barackenlagers dargestellt, auf der die Anlage der Baracken genau ersichtlich ist. Die links unten angebrachte Skizze führt ins Innere einer Wohnbaracke; Männer und Frauen in ihrer Nationaltracht sind am Herd tätig. Rechts unten ist ein Teil des Lagerplatzes der von den Flüchtlingen mitgebrachten Pferde und Wagen zu sehen. Der mittlere Teil des Titelbildes stellt eine Szene aus der Schule dar. Eine kleine Ukrainerin schreibt auf der Schultafel deutsche Buchstaben.

Neuigkeits-Welt-Blatt, 22. September 1915

Neuigkeits Welt-Blatt

Herausgeber: August Kirsch.

Redaktion, Administration: Wien, VII/1, Kaiserstraße 20. — Stadt-Bureau: I., Schulerstraße 13. — Inserate nach Tarif.

Nr. 217 | Wien, Mittwoch, den 22. September 1915 | 42. Jahrgang.

Drohende Umzinglung der russischen Wilna-Armee.

Alle Rückzugsbahnen abgeschnitten.

Italienische Spionage in den griechischen Gewässern.

Ein türkisches Kriegsschiff versenkte vor Odessa einen englischen Dampfer.

In der Stadt der heimatlosen Ukrainer.

Das Barackenlager bei Gmünd.

(Der Text zu diesem Bild befindet sich auf Seite 9.)

Im gut ausgebauten Flüchtlingslager südwestlich des Stadtzentrums von Gmünd waren von 1914 bis 1919 rund 200.000 überwiegend aus Galizien und der Bukowina stammende Flüchtlinge untergebracht, die nach Kriegsende wieder in ihre alte Heimat zurückkehrten.

Der Alltag in der Flüchtlingsstadt war mit 15 Sektionen mit je acht Wohnbaracken und einer Küchenbaracke wohl organisiert. Nach 1919 fand in der nunmehrigen Neustadt von Gmünd das Lager eine Nachnutzung bis in unsere Tage.

Gmünd: Die erste elektrische Oberleitungs-Automobillinie in Oesterreich

Heute wurde hier die erste Automobillinie mit elektrischer Oberleitung in Oesterreich in feierlicher Weise durch den Erzherzog Rainer eröffnet. Das Prinzip dieser Art selbstbeweglicher Kraftfahrzeuge ist von uns bereits mehrmals beschrieben worden. Die Elektromobile tragen die Stromquelle nicht in Form von Batterien in sich, sondern die elektrische Energie wird ihnen – genau wie den Wagons der elektrischen Straßenbahn – mittels Oberleitung zugeführt.

Um 11 Uhr Vormittags hatte der elektrische Wagen in der Nähe des Schloßportals Aufstellung genommen. Erzherzog Rainer erschien in Begleitung des Grafen Orsini-Rosenberg. Nach Begrüßung des Erzherzogs durch die Herren Bezirkshauptmann Fischer und Bürgermeister von Gmünd Berger wurde der Erbauer der Automobillinie, Herr Ingenieur Stoll, dem Erzherzog vorgestellt. Ingenieur Stoll gab die nötigen technischen Erklärungen seines Systems, das in Oesterreich zum ersten Mal zur Ausführung gelangt. Er demonstrierte dabei auch die Möglichkeit des Ausweichens der Automobile auf frequenter Straße, das Ausweichen zweier sich begegnender Elektromobile und das Umkehren. Hierauf bestieg Erzherzog Rainer das Elektromobil zur ersten Fahrt. In dem Wagen fanden außer den vorgenannten Herren noch der Inspektor der Staatsbahnen Herr Laumann, Herr Postmeister Alteneder und der Obmann der Verkehrsabteilung der Stadt Gmünd, Herr Hotelier Aßmann, Platz. Die Führung des Wagens übernahm Herr Ingenieur Stoll selbst. Als sich das Fahrzeug in Bewegung setzte, brach das Publikum in Beifallsrufe aus.

Die Fahrt selbst nahm einen tadellosen Verlauf und befriedigte den Erzherzog sowie alle anderen Teilnehmer vollkommen. Wiederholt äußerte der Erzherzog seine Anerkennung über die angenehme, geräuschlose Fahrt.

Neues Wiener Tagblatt, 17. Juli 1907

Der erste O-Bus Österreichs verkehrte ab 17. Juli 1907 fünfzehnmal am Tag auf der 2,6 Kilometer langen Strecke zwischen dem Gmünder Hauptplatz und dem Hauptbahnhof, der heute im tschechischen České Velenice liegt.

Ortsregister zu den Abbildungen

Bildnachweis

ANNO – Austrian Newspapers Online: Seite 113
Dr. Karl Böhm (†): Seite 19, 27, 49, 51, 55, 57, 58, 59, 60, 65, 71, 72, 86, 89, 111
Manfred Dacho, Gmünd: 117
Stadtgemeinde Heidenreichstein: Seite 102
Thomas Hofmann, Wien: Seite 8, 11, 21, 22, 33, 35, 36, 38, 41, 44, 47, 53, 61, 63, 67, 69, 73, 75, 81, 83, 84, 87, 90, 96 oben, 99, 101, 103, 108
Niederösterreichische Landesbibliothek, St. Pölten: Seite 15, 31, 45, 77, 79, 91, 93, 97, 109, 114, 115
Österreichische Nationalbibliothek, Wien: Seite 18
Stadtarchiv Horn: Umschlag, Seite 13, 29, 32, 106, 107
Volksschule Langau (Archiv): Seite 74
Ing. Peter Wegenstein, Wien: Seite 96 (unten)
Wikipedia: Seite 26

Textquelle

ANNO – Austrian Newspapers Online, http://anno.onb.ac.at

Dank

Verlag und Autor danken folgenden Personen, die mit Auskünften und Bildmaterial ganz wesentlich das Zustandekommen dieser Publikation unterstützt haben: Dr. Ralph Andraschek-Holzer, Niederösterreichische Landesbibliothek St. Pölten; Dr. Karl Böhm (†), Wien; Manfred Dacho, Gmünd; Dr. Erich Rabl, Horn.

Zeitschrift „Das Waldviertel“

Zeitschrift für Heimat- und Regionalkunde.

4 Hefte pro Jahr. Verschiedene Aufsätze, Kulturberichte und Buchbesprechungen. Umfang pro Heft 80 bis 120 Seiten. Jahresabonnement für vier Hefte 27,00 € (Studenten 13,50 €), Ausland 34,00 € Einzelheft 8,00 €. Auf Wunsch senden wir auch ein kostenloses Probeheft und Prospekte zu.

Redaktion: Dr. Markus Holzweber (Leitung), MMag. Bettina Marchart (stellv. Leitung), Mag. Johann Fenz, Mag. Günter Milly, Mag. Marlene Müllner, Dr. Friedrich Polleroß, Mag. Franz Pötscher, Mag. Irmgard Rieder, Dr. Claudia Walcher, Univ.-Prof. Dr. Thomas Winkelbauer und Mag. Regina Zotlöterer.

Waldviertel-Bücher in der Schriftenreihe des WHB/Waldviertler Heimatbundes.

Redaktion: Dr. Harald Hitz und Mag. Doris Gretzel.
Bisher 57 Bücher und Broschüren zu verschiedenen Themen erschienen. Unterschiedlicher Umfang und Verkaufspreis.

Internet: www.daswaldviertel.at
WHB/Zeitschrift „Das Waldviertel“
3580 Horn, Postfach 1
Redaktionsleitung: Dr. Markus Holzweber
markus.holzweber@bewegungskonzepte.at
Versand: Dr. Erich Rabl - e.rabl@aon.at
Tel. 02982/3991 (ab 15 Uhr)

Aus dem Verlagsprogramm

Thomas Hofmann

Es geschah im Weinviertel

Neuigkeiten und Bilder von damals – Östliches Weinviertel und Marchfeld. 23,5 x 20 cm. 124 Seiten mit zahlreichen Abbildungen. Hardcover. € 19,90. ISBN 978-3-9503739-1-2

„Dieses Buch tut viele kleine Wunder: Es fängt verwehte Zeiten behutsam ein, macht Vergessenes wieder bewusst und fügt all die Facetten zu einem berührend lebendigen Bild zusammen." *Alfred Komarek*

Thomas Hofmann

Es geschah im westlichen Weinviertel

Neuigkeiten und Bilder von damals. Mit einem Vorwort von Alfred Komarek. 23,5 x 20 cm. 132 Seiten mit zahlreichen Abbildungen. Hardcover. € 19,90. ISBN 978-3-9503952-4-2

„Ganz besonders reizvoll ist die Bebilderung mit alten Ansichtskarten und Altfotos, die punktgenau und sehr anschaulich das Berichtete illustriert." *Richard Edl*

Peter Wegenstein

Wege aus Eisen im Waldviertel

Zur Geschichte der Eisenbahnen im Viertel ober dem Manhartsberg. 23,5 x 20 cm. 120 Seiten, zahlreiche Abbildungen. Hardcover. € 19,90. ISBN 978-3-9503739-2-9

„Für Eisenbahnfans ist *Wege aus Eisen im Waldviertel* ein absolutes Muss. Der Autor verzichtet bis auf ein paar kleine Episoden wie das Eisenbahnunglück auf der Teufelsbruckn auf Plaudereien. Seine Ausführungen sind Eisenbahngeschichte pur …"
Johannes Gans in: kulturundwein.com

W-H EDITION WINKLER-HERMADEN

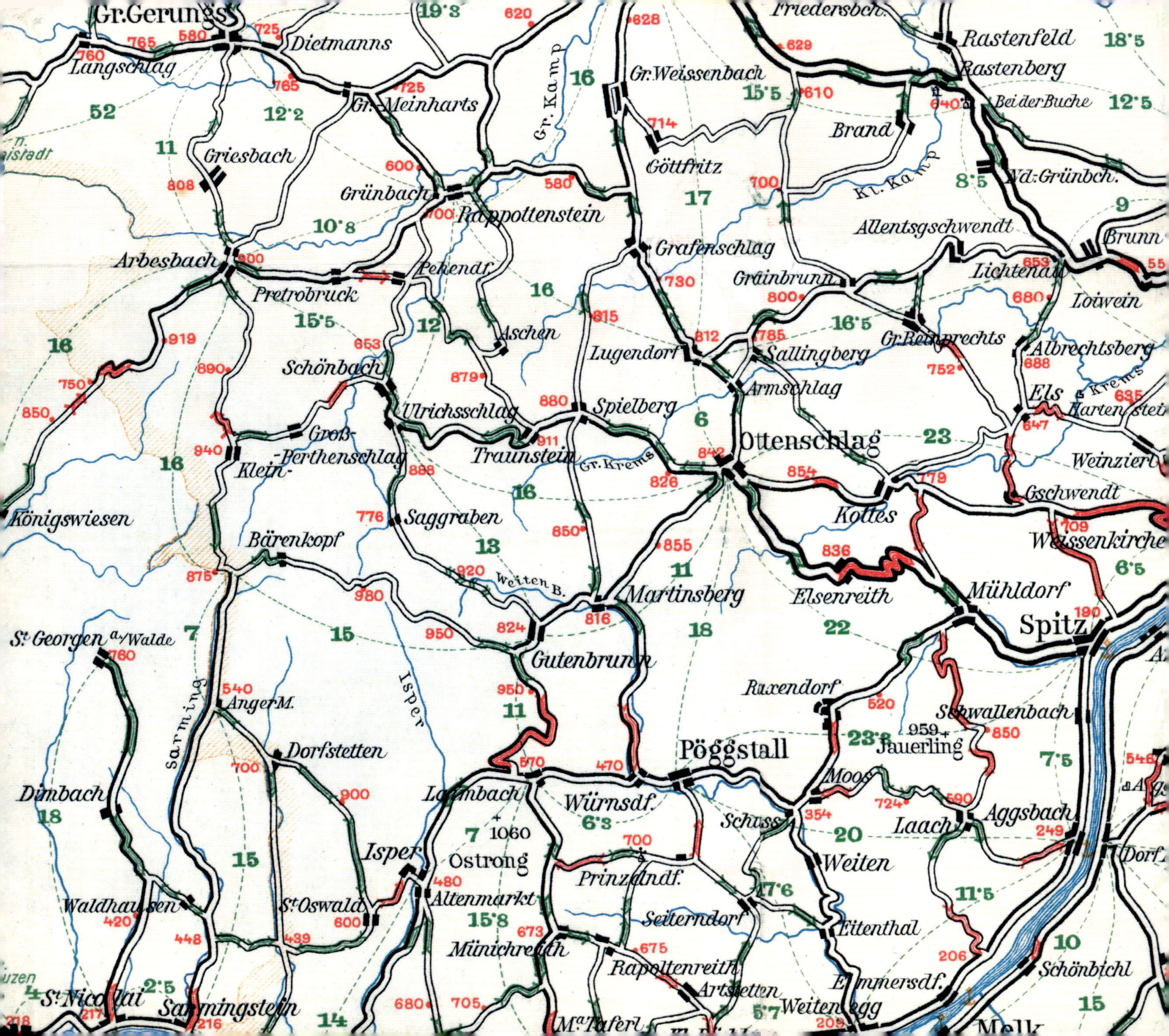

Gr.Gerungs
Dietmanns
Langschlag
Gr.-Meinharts
Gr. Kamp
Gr.Weissenbach
Friedersbch.
Rastenfeld
Rastenberg
Bei der Buche
Brand
Göttfritz
Kl. Kamp
Wd.-Grünbch.
Griesbach
Grünbach
Rappottenstein
Arbesbach
Pretrobruck
Pehendf.
Aschen
Grafenschlag
Allentsgschwendt
Brunn
Lichtenau
Loiwein
Grainbrunn
Gr.Reinprechts
Albrechtsberg
Lugendorf
Sallingberg
Armschlag
Els
Krems
Schönbach
Ulrichsschlag
Spielberg
Ottenschlag
Groß-Perthenschlag
Klein-
Traunstein
Gr. Krems
Weinzierl
Gschwendt
Königswiesen
Saggraben
Kottes
Weissenkirche
Bärenkopf
Weiten B.
Martinsberg
Elsenreith
Mühldorf
Spitz
St. Georgen a/Walde
Gutenbrunn
Raxendorf
Schwallenbach
Sarming
Anger M.
Isper
Dorfstetten
Pöggstall
Jauerling
Dimbach
Laimbach
Würnsdf.
Moos
Schuss
Laach
Aggsbach
Isper
Ostrong
Prinzelndf.
Weiten
Waldhausen
St. Oswald
Altenmarkt
Seiterndorf
Eitenthal
Münichreith
Rapoltenreith
Schönbichl
St. Nicolai
Sarmingstein
Artstetten
Emmersdf.
Weitenegg
Ma Taferl
Melk